國風小注

您好，孟子

王玲 策划　单承彬 主编
杨峰 编　零乌 图

北京联合出版公司
Beijing United Publishing Co.,Ltd.

绿色印刷　保护环境　爱护健康

亲爱的读者朋友：

　　本书已入选"北京市绿色印刷工程——优秀出版物绿色印刷示范项目"。它采用绿色印刷标准印制，在封底印有"绿色印刷产品"标志。

　　按照国家环境标准（HJ2503-2011）《环境标志产品技术要求 印刷 第一部分：平版印刷》，本书选用环保型纸张、油墨、胶水等原辅材料，生产过程注重节能减排，印刷产品符合人体健康要求。

　　选择绿色印刷图书，畅享环保健康阅读！

北京市绿色印刷工程

图书在版编目（CIP）数据

您好，孟子 / 单承彬主编；杨峰编；零乌图. -- 北京：北京联合出版公司，2020.7
　ISBN 978-7-5596-3712-3

　Ⅰ.①您… Ⅱ.①单… ②杨… ③零… Ⅲ.①儒家②《孟子》—青少年读物 Ⅳ.①B222.5-49

中国版本图书馆CIP数据核字（2019）第199584号

Copyright © 2020 by Beijing United Publishing Co., Ltd.
All rights reserved.

本作品版权由北京联合出版有限责任公司所有

您好，孟子

策　　划：王　玲（"国风小注"项目发起人及总负责人）
主　　编：单承彬（"国风小注"项目内容顾问）
编　　者：杨　峰
绘　　图：零　乌
出 品 人：赵红仕
出版监制：刘　凯　马春华
责任编辑：李秀芬
装帧设计：T-Workshop.com

北京联合出版公司出版
（北京市西城区德外大街83号楼9层　100088）
北京联合天畅文化传播公司发行
北京利丰雅高长城印刷有限公司印刷　新华书店经销
字数40千字　889毫米×1194毫米　1/16　8.25印张
2020年7月第1版　2020年7月第1次印刷
ISBN 978-7-5596-3712-3
定价：42.00元

关注联合低音

版权所有，侵权必究
未经许可，不得以任何方式复制或抄袭本书部分或全部内容
本书若有质量问题，请与本公司图书销售中心联系调换。电话：（010）64258472-800

守旧潮人

在老一辈人眼里,这一代年轻人完了,他们不再尊重传统文化,对祖宗留下的"老理儿"不屑一顾;在年轻人看来,不是传统文化差劲,只是长辈们循循善诱的传统文化实在没劲。

于是,在长辈们的摇头叹息声中,孩子们自顾自地玩起了国风文化。

在年轻人看来,"国风"不需要被解释和定义,他们只是单纯想区别老一辈所定义的"古风"。老同志们若是想再来给"国风"绑个架,那我们就只好换个称谓,您有话语权,我有迷踪拳。当然,年轻人心里也承认先祖留下不少好内容、好素材,但大家既不想照单全收,也不想完美错过,更不想唯诺屈从。

"传统文化是一个民族的底蕴,也是一个民族的灵魂。要让传统文化更深入地走进年轻一代人心里,让青少年在传统文化中汲取养分,自觉成为传统文化的践行者、传承者和守护者……"文教产业专家学者们振臂疾呼了若干年。

道理没错,道路却错了;方向没错,方法却错了。

"你若视而不见,我便宛若晴天。"年轻人原本没指望自娱自乐的"国风文化",能够得到长辈们的认可和肯定,"你喊你的,我玩我的,咱各行其道、互不干扰,不好吗?"

非不好,有更好。

出版"国风小注"项目之"您好,先贤"系列图书,我们没打算教会读者什么是文化,更没计划让读者认同哪些道理。所谓文化与道理,"文字"在我,"化解"在你;"道德"在我,"理解"在你。

我们所提供的历史故事,也没有人为来界定正史和野史,历史历来只有历史观,无正野之分。作者毕竟不是从那个年代穿越来的,没有亲身验证那些或沧桑巨变,或潺潺润心的瞬间。所以,历史总是和故事连在一起,今人称之为历史故事。

这一系列图书不敢对历史故事的真实性负责,却对各朝代的衣、食、住、行、礼、乐、颂、时令、节气、天干、地支、五行等"国风文化"异常考究。即便如此,我们仍不敢叫这一系列图书为"正解国风",斗胆起名"国风小注",已谦虚地体现出我们对传统文化还不够谦虚的一面。

让街头那些唐装汉服元鞋混搭、撸着烤串过圣诞的国风美少年少一些,让有话语权的和会迷踪拳的守旧潮人一道沉浸体验"国风文化",大家还能其乐融融且津津乐道,正是我们出版这一系列图书的初心和使命。

高 赛

光明网副总编辑

给读者的一封信

大家好！我是"国风小注"项目的发起人及总负责人王玲，一个12岁男孩的妈妈。策划"国风小注"项目之"您好，先贤"系列图书，缘于孩子五年级时学校组织的一次《论语》主题读书会。当时，如何给孩子讲好《论语》，让老师们犯了愁。毕竟在大家眼里，《论语》是那么高深，甚至有些晦涩。作为一名家长，在拜读《论语》的过程中，我从一个"小白"起步，到现在已经读了50多个版本的《论语》。如果说一开始是因为孩子而读，现在则是因为热爱而读。

在拜读这些经典的过程中，我学到了如何在经典中学习做父母、如何在繁杂的社会中始终保持初心、如何给青春期的孩子做一个引路人。经典中传递的精神和理念，就是中国的"国风"。

那么，如何理解"国风"呢？我认为，国风是诗经楚辞，是唐诗宋词，是丝绸之路，是礼义廉耻，是5000年悠远历史留给我们的精神财富，更是中华民族伟大复兴征途上对传统文化的继承与发展。国风超越时间和空间，深植在每一位炎黄子孙的血脉之中。

于是，在光明网领导的大力支持下，在学校、老师、顾问、出版社的通力合作下，历时近一年六个月，"您好，先贤"系列图书终于要付梓印刷了。从立项、策划到选题、定位，每一个环节都让我充满感恩。我们有着共同的愿景，我们希望把优秀的传统文化通过青少年喜闻乐见、易于接受的形式传递给他们，能够在青少年价值观形成的关键时期，引导他们扣好人生的第一粒扣子，让国风真正吹进孩子们的心中，让国风浸染孩子们的灵魂和思想，让他们因为我们民族博大精深的文化而骄傲，而自豪！只有这样，中华民族的精神家园，才能生生不息，永葆青春。

"您好，先贤"系列图书是"国风小注"项目系列图书的第一辑。在图书内容的策划会上，我们讨论最多的是这么几个问题：作为父母，我们要传递给孩子什么样的理念是正确的；作为教师，我们给学生推荐什么内容是可以帮助孩子在关键时期树立榜样的；作为学校，要开展什么样的阅读活动才能真正把传统文化的精神和思想根植于孩子们心中。那么，就让我们从阅读"您好，先贤"系列图书开始，在阅读经典前，先去阅读人物故事，通过他们的故事引发孩子的思考、讨论，碰撞出思想的火花。所以，这套图书是孩子阅读经典的桥梁，是家长引导孩子树立正确人生观的书目之一，是学校和教师做经典主题阅读的内容参考。同时，这套图书配有音频、阅读学习单，在图书推出后还会有配套的动画、活动等。

"您好，先贤"系列图书正式和大家见面啦！在此，感谢大家的关注和支持，同时也希望听到大家的建议和意见。让我们以小我的力量，为传统文化的传承、传播尽自己的微薄之力。谢谢大家！

王玲
"国风小注"项目发起人及总负责人
2020.3.19 于家中

打造中国风格
讲好中国故事

　　党的十八大以来，以习近平同志为核心的党中央高度重视弘扬中华优秀传统文化，把传承创新优秀传统文化作为国家战略加以推进。在这一大背景下，"国风小注"项目应运而生，以创新的形式传承国学、讲好中国故事，为传统文化发声。

　　项目名称之所以叫"国风小注"，主要有两个方面的考虑。一方面，中华优秀传统文化博大精深，内涵丰富，其蓬勃的生命力在于她总是与中华民族的生存、发展结合在一起，融汇在中华民族每日、每时的生产、生活当中。因此，青少年学习优秀传统文化的最佳方式，在于更多地了解、理解古人、今人生活的点点滴滴，从微观的、"小"的视角，发现中华民族最深沉的精神追求。换句话说，就是：从很"小"的地方（比如一个具体的人、一件具体的事）注解"中国风格"。正是出于这样的基本构想，我们计划编纂一系列相关图书。另一方面，我们编纂这些图书的最终目的是促进传统文化更深入地走近年轻一代，让青少年在传统文化中汲取养分，自觉成为传统文化的践行者、传承者和守护者。因此，我们希望青少年"小"朋友能从自己的视角来注解"中国风格"。

　　此次首批推出的"您好，先贤"系列图书，向青少年读者介绍了孔子、孟子、庄子、荀子、韩非子五位著名的历史文化人物，共编成了五本图书：《您好，孔夫子》《您好，孟子》《您好，庄子》《您好，荀子》《您好，韩非子》。该系列图书以趣味故事为主要内容，引用原典语句，加以注释、解读，同时通过知识拓展、思考提示、故事延伸等内容拓展相关的背景知识，让读者更立体、更全面地了解先贤的故事，领略先贤的精神智慧。

需要告诉读者的是，书中这些故事的遴选和设计，基本属于"发散型""下沉型"的，虽不能反映先贤的人生全貌，但可一窥他们人生中最核心、关键的处世、治学之道。我们的故事描绘了先贤生活的点点滴滴和喜怒哀乐，使其形象更加饱满、鲜活：他们既有受人敬仰的时候，也有受人冷眼，甚至被驱逐的时候；既有衣食无忧的时候，也有穷困潦倒，甚至生命受到威胁的时候；既有机遇顺达、实现抱负的人，也有壮志未酬、郁郁终生的人。这，才是先贤真实的人生。了解了这一点，你就离先贤又近了一步；了解了这一点，你就不会觉得传统文化很遥远了。

如果青少年读者能把这些故事作为"引子"，燃起对传统文化的热爱，那将是我们莫大的荣幸。

欢迎各位读者提出宝贵意见，以便我们修正可能出现的错漏，改进工作，以期给读者提供更高质量的读本。

单承彬
2019年夏日于孔子故里

推荐语

传统文化的传承是国民身份认同最重要的内容，特别是在东方国家，被学者们称为"族群的国民模式"的血缘关系和文化共同体关系，是身份认同的重要元素。

习俗和传统在文化的持续传承和中国人的精神世界中扮演着特别重要的角色。从这个意义上说，"国风小注"项目之"您好，先贤"系列图书用生动有趣、图文并茂的人物和故事，将闪烁着永恒思想光芒的传统文化娓娓道来，有原文、有注释、有译文，还有开言引语和思考提示，这是知识传播，更是文化传承，是爱国主义教育，也是在社会治理现代化新的征程中基础的社会建设。

这个系列图书的出版对新时代"担当民族复兴大业时代新人"的精神养成具有重要的奠基性意义。

陆士桢
中国青年政治学院
青年发展研究院名誉院长

> 要告诉孩子们，做堂堂正正的中国人，应由了解孔子开始，因为孔子创下儒家学说，儒家又塑造了中国人以"孝、悌、忠、信、礼、义、廉、耻"八德为核心的基本价值观。孔子文化对青少年的作用是巨大的，给孩子焕发生机的土壤。认识孔子，更是要让他们找到自己、找到人生的方向。孩子们本来可以做得更好。

—— 唐轶　中青在线副总编辑

> "文化是民族的血脉，是人民的精神家园。"中华民族的祖先曾追求这样一种境界：为天地立心，为生命立命，为往圣继绝学，为万世开太平。
>
> 今天，人类正处在社会极速发展的时代，社会开放度增加、经济飞速发展，弘扬传统文化，已经是当代青年人所面临的一个非常严峻的问题。
>
> 我觉得需要社会、学校及家庭加强传统文化方面的教育，使之成为风气。
>
> 品读"国风小注"项目之"您好，先贤"系列图书不失为一条好的策略。这一系列图书深入挖掘了中华传统文化中孔子儒家思想的时代价值，能够提高青少年的思想道德素质和科学文化素质，让他们重温经典、回溯源头。学习、继承这些中华优秀传统文化的智慧，可以使中华传统文化基因代代相传，让文化自信融入每个人的血脉。
>
> 让我们一起品读"您好，先贤"系列图书，从这些优秀的典故中汲取精神力量吧！

—— 玄成贵　齐鲁师范学院远程教育中心主任　山东省教师教育学会副秘书长

细细品读这一系列图书，让我仿佛回到了历史现场，感觉如同在与孔子同行……书里面的思想正是我们所需要学习的，因为这些思想观念深刻影响了我们的中华文化，能够更好地帮助年轻人提升自身美德，帮助青少年更好地认识我们所生活的国度。

齐鲁师范学院中小学教师远程教育中心培训部主任 翟荣刚

对于像《论语》这种说理性极强的古籍，今天的青少年读起来实属不易。虽然我们能看到一些译成现代白话文的经典文献，但大多数还是就句论句、硬译直译之作，读起来还是一知半解。

在"您好，先贤"系列图书中，不仅有对经典的释义，有久远的历史背景辅助理解文本，更难得的是，还有趣味盎然的人物小故事，以及引导青少年从自身思考的"思考提示"内容。

可以说，"您好，先贤"系列图书深入浅出、微言大义地告诉我们如何学习、如何孝顺、如何应对各种事物，等等。不管什么行业、什么身份、什么年龄的人，读后都会受益匪浅。闲庭信步读"您好，先贤"系列图书，智慧人生亦豁达。

北京市海淀区民族小学数学组年级组长 卢丹

《您好，孔夫子》以新颖的视角，拉近了青少年与传统文化的距离，让更多的青少年能与孔子面对面，近距离地感受孔子。这里没有说教，没有枯燥的内容，只有亲切的交流，让青少年在生动有趣的故事情节中汲取孔子的思想智慧，内修仁德，外显弘毅。《您好，孔夫子》撷取传统文化精华，激活传统文化生命力，创新表达形式与理念，浸润青少年心灵，为优秀传统文化的传承与发扬做出重要贡献。这样一本好书应尽快与学生们见面，我相信，在学校传统文化教育的教材中，它一定会成为最受欢迎的一本。

颜伟　山东省济宁市尼山中学校长

　　优秀的传统文化，是中华民族屹立于世界民族之林的骄傲，也是我们实现中华民族伟大复兴的重要支点。

　　但在长期的中小学基础教育中，具有时代鲜明特色、少年儿童喜闻乐见的传统文化图书是稀少的。

　　拜读"国风小注"项目之"您好，先贤"系列图书后，作为一名多年在基层从事教育工作的教师，感觉内容丰满，格调高雅，在活泼的语言中微言大义，实在是不可多得的一套青少年读物。

　　对图书的编撰人员表示敬意，对图书的整体构思以及各种呈现方式，无比期待。

随丽萍　山东省济宁市鱼台县第二实验小学副校长　济宁市特级教师

"天不生仲尼，万古如长夜。"孔子让"仁"和"礼"融入了中国人的血肉。他有教无类，被后人称为"万世师表"。

《您好,孔夫子》带我们走近这位伟大的圣人，了解他的生平、领悟他的思想、感受他生命的苦乐。书中内容取材于《论语》，采用生动有趣的语言，用故事展现孔子的一生。书中还穿插了丰富的知识，涵盖古代生活的方方面面，有助于小读者了解当时的历史背景。书中设置的提问环节，也能引发孩子们思考。可以说，这是一本知识严谨、形式有趣、颇有价值的图书。

——吴本文 云舒写教育CEO

孩子学习传统文化从哪里开始？《您好,孔夫子》一书是个不错的选择。它没有《论语》那么深奥，可以更快地培养孩子的兴趣；它从与孔子有关的一些小故事入手，让孩子种下梦想的种子。

古人常说：少年养志。这本书确实适合开启中国孩子的智慧，也是一部帮孩子建立信仰和理想的图书。

——范智超 资深媒体人 看鉴教育创始人

在中国历史上，春秋战国是思想和文化辉煌灿烂、群星闪烁的时代。其中，尤其以孔子、孟子、庄子等人的思想影响最为广泛。这些思想孕育了中华民族精神的根基，奠定了中国社会生活中的道德准则与习俗标准。

"国风小注"项目之"您好，先贤"系列图书，以一种活泼、立体、多面的方式，将这些先贤哲人及其思想观点带到我们面前，角度新颖，文风有趣。帮助孩子们近距离与先贤"对话"，多角度感知我国博大精深的国学底蕴。这是一套有温度、有态度、有思想的图书，推荐给大家！

黄任

"常青藤爸爸"儿童双语启蒙教育品牌创始人CEO

目录

一	孟母三迁	1
二	杀豚不欺子	9
三	断织劝学	17
四	孟子休妻	25
五	孟子远行	31
六	孟子葬母	41
七	孟子拒召	49
八	孟子辞官	59
九	没有规矩，不成方圆	69
十	五十步笑百步	75
十一	率兽而食人	81
十二	缘木求鱼	87
十三	不为也，非不能也	93
十四	得道者多助，失道者寡助	99
十五	乐以天下，忧以天下	105

您好，孟子 一

孟母三迁

开言引语

孟母三迁

孟母教子的故事影响深远。孟子的母亲为了给孟子提供一个良好的教育环境，曾经克服困难，迁居两次，换了三个地方居住。"孟母三迁"讲的就是孟母教子的故事。现在这个故事主要用来歌颂孟母的伟大，有时也用来赞扬用心良苦、竭尽全力培养孩子的父母。

孟子是战国时期著名的思想家，儒家学派的重要代表人物，被尊称为"亚圣"。他主张施行"仁政"，最早提出"民贵君轻"的思想。是谁把孟子培养成了一个敢于抨击暴政、大胆宣扬把老百姓放在第一位，并且被后世仁人志士追慕向往的思想家和教育家的呢？就是他伟大的母亲——仉(zhǎng)氏。

孟母是孟子成长过程中非常关键的人物，以教子有方著称，是名垂后世的模范母亲。关于孟母教子的记载，流传最广的就是"孟母三迁"的故事。

孟子大约出生在公元前372年，在他很小的时候，父亲就去世了，教养孟子的重担就落在了孟母一个人的肩上。孟子出生在邹国的一个小山村——凫(fú)村。在孟子家附近，有一片埋葬死人的坟地。这里经常会有办丧事、埋葬死者的丧葬活

知识拓展

孟母，相传姓仉，战国时期晋国（今山西省晋中市太谷县东西仉村）人。

孟母克勤克俭，含辛茹苦，坚守志节，在中国历史上受到大家的尊崇。老百姓传颂她教育孟子的故事，文人学士为她立传作赞，达官显贵、孟氏后裔为她树碑修祠。后人把她与岳飞的母亲岳母、三国时期徐庶的母亲徐母，列为母亲的典范，号称中国"贤良三母"。孟母位居"贤良三母"之首。

【孟母三迁】

动。孟子和山村的孩童一起玩耍，不时地会遇到有举行丧事的仪式，就跑去看热闹。时间长了，他们做游戏的时候，也会三五成群地模仿大人们的礼仪，兴致勃勃地学大人的样子玩丧事活动的游戏：送葬、抬棺材、掩埋死人、跪拜、哭号。孟母看在眼里，急在心里。她想："自己家周围有很多坟地，小孩子只能在坟地里玩耍。整天玩丧仪扮演游戏真是不适合孩子成长啊！但小孩子喜欢和其他小朋友一起玩耍，这是天性，也不能把活泼好动的小孟子天天关在家里啊！"想来想去，孟母觉得唯一的办法就是换一个环境生活。

经过一番周折，孟母带着小孟子从凫村搬到了十几里外的庙户营村。庙户营村有附近老百姓约定俗成的一个交易集市，每个月的一、三、五、七、九等单日子，周围十里八乡的老百姓就会

知识拓展

我国古代十分重视礼制。家庭内部的父子兄妹之间、亲朋好友之间等都要讲究来往的礼仪。朝堂之上君臣、卿大夫之间，各个诸侯国之间也有一定的礼仪规则。孟子小时候在学堂里除了识字，还要学习揖让进退的礼仪。站位、坐姿等都有规定，这些都是朝堂上的规矩，不合礼制不仅会被大家耻笑，还会受到斥责，情节严重的甚至会受到刑律的制裁。

【孟母三迁】

带着自己家养的鸡、鸭、鱼、鹅，耕种收获的稻米谷物，自己做的草鞋、麻衣等来这里买卖交易。每到集会的时候，百姓们你来我往，吆喝声、讨价还价声、鸡鸣狗叫声不绝于耳，非常热闹。小孩子很喜欢这样热闹喧腾的场面，小孟子和其他小朋友都喜欢泡在集市里。这样一天天耳濡目染，小孟子学会了锱铢必较和贩夫走卒吆喝买卖的样子。回到家后，他给母亲表演小商小贩的吆喝声，还学商人做买卖的样子：一会儿鞠躬作揖欢迎客人，一会儿满脸堆笑招待客人，一会儿和客人讨价还价，表演得像极了。孟母看着小孟子得意扬扬地给自己表演这些，心里忐忑不安。可是因为刚刚搬来不久，再次搬家也不容易，孟母只好强忍着担心住了半年多。

这半年里，孟母不时地打听、寻找合适的地方，准备再次搬家。孟母不想让儿子过早地沾染上市侩(kuài)气，希望儿子成为一个更加有用的人。她暗自发誓：这次一定要挑选一个适合儿子成长的环境，让孩子有机会学习治国兴邦的本领。

孟母一边辛苦持家，养活母子二人，一边多方打听哪儿可以帮助孩子学习到兴邦治国的礼节。终于，她听说学宫附近有很多读书人，在那里可以学到鞠躬行礼及进退的礼节等。可是那儿的房子很简陋，面积也很小，有时候还漏雨。虽然这样，孟母还是觉得学习礼仪更重要。于是，她把家搬到了邹国的学宫附近。学宫附近常常有读书人来来往往。他们气质高雅、神态从容、举止端庄，进退交际彬彬有礼。时间长了，小孟子潜移默化地受到他们的影响，也变得守规矩、懂礼貌、爱读书、讲礼仪了。小孟子还经常观看这些人聚集在大树下，演练学宫中揖让进退的礼仪，以及摆设祭品、祭拜祖先神灵的活动等。于是，他就和小伙伴们玩诸侯王和贵族大臣们祭祀天地神灵的游戏，揖让进退，有模有样，一派庄严肃穆的样子。孟母远远地看着小孟子，心里的一块石头终于落了地，不由得感叹道："这里才是适合我们生活的地方，是孩子最佳的居住环境啊！"从此，孟母带着儿子安安心心地定居了下来。

这就是"孟母三迁"的故事，也叫"择邻而处"。这个故事说明睿智的孟母非常明白居住环境和邻居对孩子的影响作用，所以她为了把小孟子培养成懂礼仪、守礼节的人，不顾重重困难，多次搬家，最终找到了适合小孟子成长的生活环境。

思考提示

1. 孟母看到孟子学送葬人的样子扮演丧事活动，为什么摇头叹息？

2. 孟母看到孟子学商人做买卖的样子，为什么会非常担心？

3. 孟母看到孟子学贵族大臣祭祀天地神灵、揖让进退之礼，为什么会非常高兴？

4. 通过以上三个问题，你能说出孟母想把孟子培养成什么样的人吗？孟母的愿望实现了吗？

故事延伸

孟母对孟子的教育，影响了孟子一生。孟子成人后，到各诸侯国游历，在劝说各诸侯王施行仁政和王道的过程中，也多次使用到类似于孟母三迁这样的方法。他常常劝说各诸侯王要远离小人，招贤纳士，亲近贤德之人。这也是从周围环境会影响人的决断角度来考虑问题的。晋朝文学家和哲学家傅玄在《太子少傅箴》中指出："近朱者赤，近墨者黑；声和则响清，形正则影直。"这也是告诉人们，一个人生活在好的环境里会受到好的影响，生活在坏的环境里就会受到坏的影响，强调了环境对人的影响。

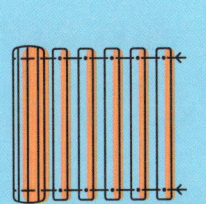

原文

邹孟轲之母也，号孟母。其舍①近墓。孟子之少也，嬉游为墓间之事②，踊跃筑埋③。孟母曰："此非吾所以居处④子。"乃⑤去。舍市⑥傍。其嬉⑦戏为贾(gǔ)人⑧衒卖⑨之事。孟母又曰："此非吾所以居处子也。"复徙⑩舍学宫⑪之傍。其嬉游乃设俎豆⑫，揖让进退⑬。孟母曰："真可以居吾子矣。"遂⑭居⑮。及⑯孟子长，学六艺，卒⑰成大儒之名。君子谓孟母善以渐化。

——西汉·刘向

《列女传·卷一·母仪·邹孟轲母》

注释

① 舍：住处。
② 墓间之事：指埋葬、祭扫死人一类的事。
③ 踊跃筑埋：玩起办理丧事的游戏。
④ 处：安顿。
⑤ 乃：于是，就。
⑥ 市：集市。
⑦ 嬉：游戏，玩耍。
⑧ 贾人：商贩。
⑨ 衒卖：衒，同"炫"。沿街叫卖，夸耀。
⑩ 徙：迁移。
⑪ 学宫：学校。
⑫ 俎豆：古代祭祀用的两种盛器，此指祭礼仪式。
⑬ 揖让进退：揖：作揖。揖让进退，即打躬作揖、进退朝堂等古代宾主相见的礼仪。
⑭ 遂：就，于是。
⑮ 居：安家，定居。
⑯ 及：等到。
⑰ 卒：最终，终于。

译文

孟子的母亲，世人称她孟母。孟子小时候，居住的地方离墓地很近，孟子学了些祭拜之类的事，玩起办理丧事的游戏。他的母亲说："这个地方不适合孩子居住。"于是将家搬到集市旁，孟子学了些做买卖和沿街叫卖的东西。母亲又想："这个地方还是不适合孩子居住。"又将家搬到学校旁边。孟子学会了在朝廷上鞠躬行礼及进退的礼节。孟母说："这才是孩子居住的地方。"于是在这里定居下来。等孟子长大成人后，学成六艺，终于获得了大儒的名望。君子认为，这都是孟母逐步教化的结果。

您好,孟子 二

杀豚(tún)不欺子

开言引语

战国时期邹国的庙户营村有一个集市,每个月的一、三、五、七等单日子,十里八乡的老百姓就会来这里买卖交易。既然是集市,就少不了杀猪卖猪肉的商家。孟子小时候和母亲仉氏曾经在庙户营村住过一阵子。在这里,母子二人曾经经历了这样一件事。

孟母带着孟子刚搬到庙户营村不久,有一天,小孟子和小伙伴们正在玩耍,忽然听到猪的嚎叫声,声音又大又凄惨。孟子很好奇,就跑到邻居家,看到一头猪被捆住腿放在条案上,有一个人手握尖刀,一条腿跪在猪身上,一只手扳住猪下巴,正用力捅扎那头猪,所以猪才发出嚎叫声。小孟子从来没有亲眼见过杀猪的场面,他看了后,很是惊恐。

回到家后,小孟子问母亲:"我今天看到邻居家在杀猪,那头猪一直在嚎叫。我们的邻居

杀豚不欺子

孟子成长为一代亚圣,和孟母的教育有密切的关系。家长是孩子的第一位教师,尤其是对孩子来说,身教胜于言传。孟母对自己的言行非常注意,从日常生活中一直自觉地按照君子的要求来规范自己的行为。《论语·子路第十三》记载:"子贡问曰:'何如斯可谓之士矣?'子曰:'行己有耻,使于四方,不辱君命,可谓士矣。'曰:'敢问其次?'曰:'宗族称孝焉,乡党称弟焉。'曰:'敢问

开言引语

其次？'曰：'言必信，行必果，硁（kēng）硁然小人哉！抑亦可以为次矣。'"孟母就是从"言必信，行必果"做起，严格约束自己的行为，从生活的一点一滴中教育、引导孟子做一位君子。

杀豚不欺子

为什么要把那头猪杀了呢？"孟母正忙着织布，恰好一匹布快织完了，到了收口的关键时候。她顾不上思索，就随口说道："不杀猪，你怎么能有猪肉吃。我们邻居杀猪是要煮肉给你吃的。"小孟子一听，高兴地蹦了起来："太好了，今天有肉吃啦！今天有肉吃啦！"孟子这一喊，孟母才忽然意识到，自己刚才随口说的话，孩子当真了。

孟母着急了，心想："这可怎么办呢？本来我们孤儿寡母的生活就困难。我们才刚刚搬到

这里，为了搬家，已经把家里的钱快花光了。我这样日夜忙着织布，就是想多挣几个钱。现在家里只有几天吃米的钱了，哪里还有多余的钱买肉吃啊？"

孟母正后悔自己一时说错了话，帮他们搬家的乡亲正好来看望他们。乡亲看到孟母脸色忧愁，就问道："刚搬到这里，遇到什么麻烦了吗？你怎么愁眉苦脸的？"

孟母说："没什么事……就是我不小心说错话了。"于是孟母把刚才的事给乡亲说了一遍。

知 识 拓 展

孟子的母亲说："席子放得不正，我不坐；肉割得不方正，我不吃。"也许有人不理解，会觉得这样做有些吹毛求疵。其实这就是古代非常重要的"礼教"。从先秦时候开始，我们的礼乐文明就非常成熟了。人们的言谈举止都有一定的规定和章程，也就是"礼"。大家都依照"礼"的规则来生活，个人才能不断提高修养，成长为谦谦君子，社会才能和谐发展。如果人们都不按照礼仪规矩做事，偏离正道却意识不到，或是不能控制自己，就会造成更大的错误。如果大

【杀豚不欺子】

知识拓展

多数的人不能明确"是非善恶",社会就容易混乱。所以说,虽然吃饭、坐立都是小事,但是这都是"礼"。"礼"就体现在我们日常的一言一行中。所以,孔子说:"非礼勿视,非礼勿听,非礼勿言,非礼勿动。"(《论语·颜渊第十二》)我们应该每天从自己的看、听、说、行中不断约束自己,修炼、锤炼自我,使每件事都归于"礼",让自己做一个彬彬有礼的人,从而达到仁的理想境界。

这个乡亲说:"哎呀,你怎么糊涂了呢?你想想你为什么不嫌麻烦,费尽周折,从凫村搬到这里来,不就是为了好好养育小孟轲吗?这事怎么办,你还不清楚吗?"

孟母一想:"是啊!我从怀孕的时候,就注意胎教,希望自己的孩子将来能做一个堂堂正正的君子。我怀这个孩子的时候,座席摆得不端正我不坐,切肉切得不正我不吃,怀胎十月一直坚守礼节,注重对孩子的胎教。孩子出生后,因为担心他学习别人在丧事上跪拜号哭的样子,为了好好养育他,我辛辛苦苦从坟场附近搬到这里来住。现在孩子刚刚能独立学习和思考,初识人事,我就欺骗他,教他不诚实,这不是违背了我的初衷吗?"

孟母深知言传身教对孩子品行的影响,更明白"言必信,行必果"这种诚信品格的重要性。她连忙谢过乡亲。为了不失信于儿子,尽管十分困难,她还是拿出家里仅有的钱,到邻居家买了

一块猪肉给小孟子吃。看着儿子吃肉时开心的样子,孟母暗自庆幸:"幸好自己及时醒悟,要不然儿子以后想到我失信的行为,也可能会随口允诺、欺骗他人。'轻诺者,寡信也。'那是一种君子所不齿的行为。那样的话,后果不堪设想。"

孟母想到自己今天的做法,感到特别高兴,为自己能够信守诺言而自豪。她一边收拾碗筷,一边哼起了小调。小孟子吃到了猪肉,也开心地又唱又跳。母子二人都开心极了。

杀豚不欺子

思考提示

1. 孟子是著名的思想家、教育家，儒家学派的代表人物之一。读了这个故事，你觉得孟子小时候家里富有吗？

2. 通过第一个问题，你能说说孟子成长为一个伟大的思想家，和家庭的贫富关系大吗？

3. 通过故事，你觉得孟母是一位怎样的母亲？

【杀豚不欺子】

故事延伸

这个故事中说到孟母怀孕时就注意做到"席不正不坐，割不正不食"，希望将来生出来的孩子行为正直。这就是现代人说的"胎教"。

中国古代胎教最早出现在西周时期，当时的人们认为，胎儿在母体中能够受到母亲心情和言行的影响，所以要求孕妇遵守礼仪，给胎儿良好的影响。《大戴礼记·保傅》记载："周后妃（即邑姜）任（孕）成王于身，立而不跛（抬起脚后跟），坐而不差（身子歪斜），独处而不倨（傲慢），虽怒而不詈（骂），胎教之谓也。"两千多年前的《黄帝内经》也有关于胎教的论述，记录了对孕妇身心健康等方面的指导，比如，"外象内感""因感而变"等中医理论。胎教的实质是让孕妇保持健康的体魄和良好的精神状态，促进胎儿生理和心理的健康发育。

您好，孟子 二

杀豚不欺子

原文

孟子少时，东家杀豚①。孟子问其母曰："东家杀豚何为？"母曰："欲啖②汝。"其母自悔而言。曰："吾怀妊③是子，席不正④不坐，割不正不食，胎教之也。今适有知而欺之，是教子不信也。"乃买东家豚肉以食之，明⑤不欺也。

——西汉·韩婴《韩诗外传》卷九

注释

① 豚：猪。
② 啖：吃，或给人吃。
③ 妊：怀孕。
④ 正：方正，端正。
⑤ 明：表明，表示。

译文

孟子年少时，看到邻居杀猪，问母亲："邻家杀猪干什么？"孟母随口回答："煮肉给你吃！"孟子十分高兴，等待食肉。孟母后悔自己说错话了，自言自语道："我从怀上这个孩子，席子放得不正，我不坐；肉割得不方正，我不吃，一直注意胎教对

译文

孩子的影响。现在这个孩子刚刚开始有了认识社会的意识，我就欺骗他，这不是教孩子失信吗？"于是，孟母拿钱到东边邻居家买了一块猪肉，让儿子吃了个痛快，用行动表明了自己一诺千金、不失信的好品格。

您好,孟子 三

断织劝学

开言引语

在孟子小时候,孟母曾经多次搬家,几经周折,终于带着孟子搬到了邹国的学宫附近居住。她希望孟子从小浸染在儒雅的氛围中,成长为一位真正的君子。孟母省吃俭用,等到孟子长大一些,便送他到学宫读书。

虽然小孟子去学宫读书,孟母心里很高兴,但同时也有些担忧:虽然自己这几年一直努力为儿子的成长创造良好的环境,还把他送到学宫读书,但这只是一个良好的开始,如果不能好好教育他养成持之以恒、勤奋努力的好品格,他还是成不了才的。

小孟子刚开始上学时,兴致勃勃,每天都认真学习,放学回来后也及时复习功课。可是,他毕竟还是个孩子,在熟悉了学宫的生活、新鲜劲儿过去后,便有些放松散漫了。

有一天,小孟子放学回家后,慢吞吞地放

孟子的母亲是一个非常有智慧的人,她教育孟子的一个重要方法就是言传身教,并且有时候身教、言传和"言教"一起用。她总是能从身边的生活琐事入手,教会孟子一些深奥的道理。这个"断织劝学"的故事告诉我们,只有持之以恒地好好学习,才能成才的道理,同时告诉我们做事情要有决断性,一旦知道自己做错了,就应该当机立断,马上改正错误。

断织劝学

断织劝学

下书箱，在屋里屋外走来走去，一点儿也不着急诵读诗书。孟母看他这样，便问道："你今天的学习怎么样？"孟子漫不经心地说："跟过去一样。"孟母见他一副无所谓的样子，很是生气。但是，她并没有发火。

过了几天，孟子放学回家后诵读诗文，母亲在一旁织布。孟母的织布机太老旧了，不时发出吱吱呀呀的响声。孟子正在诵读《论语》中的"学而篇"，突然停了下来。过了一会儿，又开始吟诵。孟母知道他读书不专注，分心了，所以诵读声断断续续，忽大忽小。但是，孟母还是没有发火，也没有斥责孟子。

又过了几天，孟子放学回来后，又在溜溜达达，边学边玩。他手里拿着竹简，一边走，一边读，有时晃着竹简玩，有时走到母亲的织布机旁看母亲织布。这一次，

您好，孟子 三

19

断织劝学

孟母叫住了他，问道："你读书怎么还东走西逛，一会儿读，一会儿停啊？"孟子回答说："我都学会了，不用认真复习了。母亲的织布机老是吱吱呀呀地响，我一会儿听吱吱呀呀的声音，一会儿读书，所以会断断续续的。"

这时候，孟子的母亲忽然拿起身边的刀子，把马上就要织好的一匹布从中间一刀割断了。孟子吓坏了，这可是母子二人主要的生活来源啊！母子俩要靠母亲织的布换钱度日，怎么说割断就割断了呢！

小孟子吓哭了，问道："母亲，您怎么把快织好的布割断了？"

孟母问他："这布割断了，能够再接上去吗？"

小孟子哭着说："接不上了。不能卖钱了，没用了。"

知识拓展

通假字，是中国古书的用字现象之一。因为古代的字相对较少，所以有时会用有限的字来表达复杂的意思，就出现了借用的情况。通假字所代替的那个字，我们称为"本字"。"通假"就是"通用、借代"的意思，即用读音相同或相近的字代替本字。通假字本质上属于错字或别字，但这属于正常的文言现象。通假字有广义、狭义之分。其中广义通假字包括古今字、异体字和通假字。

断织劝学

孟母一字一句地说道："你荒废学业，就像我割断这布一样。半途而废，只会一事无成，成为一个没用的人。我织布，靠一丝一线长期积累，才能织成一匹布。学习也是一样，勤学多问才能增长知识，长期坚持才能成就大学问。一个真正有德行的人，学习是为了成就大业。所以他们平时安静从容、持之以恒、坚持不懈地勤奋努力，这样才能学到真本领，成人以后才能生活安宁，做事避免祸患。"

小孟子擦着眼泪，一边看着割断的布，一边认真听着母亲的教诲。

"你刚刚入学宫没几天，就开始松松垮垮，放纵自己。你这样荒废了学业，就只能做繁重的劳役，而且以后也没有能力避免祸患。这样下去，你就像这匹割断的布一样，变成废物了！"

孟母的话彻底惊醒了小孟子。从此以后，他从早到晚勤奋学习，终于成了天下有大学问的人。

从这个故事可以看出，孟母是一个非常睿智的母亲。她遇到问题不莽撞，经过多次观察、认真思考后，终于想出解决问题的办法。她用织布比喻学习，用断织比喻荒废学业，形象生动，很有说服力。就这样，孟母通过生活中活生生的例证，给孟子上了一堂铿锵(kēng qiāng)有力的人生课。

故事延伸

"断织劝学"的故事对后世影响比较大。据《后汉书》记载，一个叫乐羊子的人的妻子，也是用这个办法劝说乐羊子好好读书的。书中记载说，乐羊子出去读书一年后回到家中，他的妻子问他回来的缘故。他说："出门在外久了，心中想念家人，没有别的特殊事情。"他妻子听后，就拿起刀走到织机前，说道："这些细丝都是从蚕茧中生出，又在织机上织成绸布，一根丝一根丝地积累起来，才达到一寸长，然后一寸一寸地积累，才能织成一匹、一丈的绸布。现在如果割断这些丝，就不能织出成匹的绸布了。你中途回家，荒废时光，不能积累学问，终究成不了大器。和割断这匹布有什么不同呢？"乐羊子被妻子的话触动了，又回去完成了自己的学业。

思考提示

1. 通过"杀豚不欺子"的故事，我们知道孟子小时候家里并不富裕，所以这个故事里马上织好的一匹布，对于孟子家来说意味着什么？

2. 孟子的母亲看到孟子学习不用功，没有唠唠叨叨，而是用割断布匹的办法教给他持之以恒的道理。你怎么看待孟母的做法？

断织劝学

原文

孟子之少也，既①学而归，孟母方绩②，问曰："学所至矣？"孟子曰："自若③也。"孟母以④刀断其织。孟子惧而问其故，孟母曰："子⑤之废学，若吾断斯⑥织也。夫君子学以立名，问则广知⑦，是以⑧居则⑨安宁，动则远害。今而废之，是⑩不免于斯役⑪，而无以离于祸患也。何以⑫异于织绩而食？中道⑬废而不为，宁⑭能衣⑮其夫子⑯而长不乏粮食哉？女则废其所食，男则堕⑰于修德，不为窃盗，则为虏⑱役矣。"孟子惧，旦夕⑲勤学不息，师事子思，遂⑳成天下之名儒。君子谓孟母知为人母之道㉑矣。

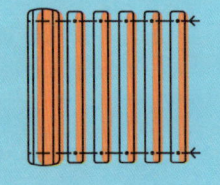

——西汉·刘向

《列女传·卷一·母仪·邹孟轲母》

您好，孟子 三

断织劝学

注释

① 既：已经。
② 绩：把麻纤维劈开再连续起来搓成线。这里指织布。
③ 自若：一如既往，依然如故。
④ 以：用。
⑤ 子：古代指"你"。
⑥ 斯：这。
⑦ 知：通假字，通"智"，智慧。
⑧ 是以：即"以是"，因此。
⑨ 则：就。
⑩ 是：此，这。
⑪ 斯役：指服贱役的人。
⑫ 何以：即"以何"，凭什么，疑问代词"何"作介词"以"的宾语而前置。
⑬ 中道：半道。
⑭ 宁：难道。
⑮ 衣：穿衣，名词作动词。
⑯ 夫子：丈夫和孩子。
⑰ 堕：通"惰"，放松。
⑱ 虏：奴隶。
⑲ 旦夕：全天，整天。旦：早上；夕：晚上，夜晚。
⑳ 遂：于是。
㉑ 道：法则、方法。

译文

孟子小的时候，放学回家。他的母亲正在织布，（见他回来，）问道："学习怎么样了？"孟子（漫不经心地）说："跟过去一样。"孟母（见他无所谓的样子，十分恼火，）用刀割断织好的布。孟子害怕极了，就问母亲这样做的原因。孟母说："你荒废学业，如同我割断这布一样。有德行的人

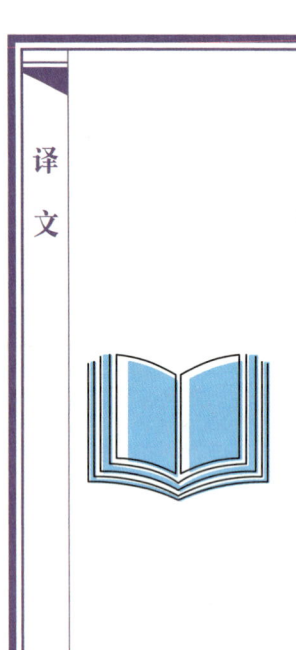

译文

学习是为了树立名声，多问才能增长知识。所以平时能安宁，做起事来就可以避免于祸害。你现在荒废了学业，难免要做低贱的劳役，而且难于避免祸患。这和依靠织布而生存有什么不一样呢？假如中途废弃不织，哪能使丈夫和孩子有衣服穿，并且长期不缺少粮食呢？女人如果荒废了生产家里需要的生活必需品，男人惰于提高自己的修养和德行，那么一家人不做强盗小偷，就只能做奴隶劳役了！"孟子吓了一跳，自此，他从早到晚勤奋学习，把子思当作老师，终于成了天下有大学问的人。有德行的人认为孟母懂得做母亲的法则。

您好，孟子 四

孟子休妻

扫码听音频故事

开言引语

孟子能够为一代名儒，和他的母亲教子有方息息相关。孟母对孟子的教育从未间断，在孟子娶妻之后，她也一直对其谆谆教诲。这个故事是孟母从更严格的"礼"的角度来教育孟子的故事。

讲这个故事前，需要先了解战国时候人们的坐姿。战国时期还没有发明现代人穿的裤子，最多就是两个单独的裤管，穿的时候绑在腿上，没有裤裆。当时最普遍的服装是上衣下裳，下身都穿裙装。那时候，正规的坐姿是跪坐，即把臀部搁在脚跟上，也叫正坐。有时为了表示说话郑重，屁股会离开脚跟，这叫长跪，也叫起。有一种坐姿叫箕踞，即坐时两脚张开，两个膝盖微微弯曲，像个簸箕，是独自一人时一种比较放松的坐姿。箕踞坐相不雅，是一种不拘礼节、傲慢不敬的坐法，也是没有教养的表现，只能在自己私密的房间里才能这样坐。

有一天，孟子出门了，他妻子一人在家。好不容易能够放松一下，孟子的妻子就伸开双腿，自由自在、舒舒服服地坐在席子上干活。没想到，孟子忽然回家了，进门看到妻子放诞无礼的样

孟子休妻

知识拓展

中国古代非常讲究礼仪。坐有坐相，站有站相。古人唯一正规的坐姿是跪坐，这也是对对方表示尊重的一种坐姿，也叫正坐。姿势就是席地而坐，臀部放于脚踝，上身挺直，双手规矩地放于膝上，身体端正，目不斜视。有时为了表达说话的郑重，臀部离开脚跟，叫长跪，也叫起。乐羊子的妻子劝丈夫拾金不昧时，就是用这个姿势说话的。

正坐

子，非常生气。他气呼呼地转身离开，跑到母亲的房间里，对母亲说："这个女人没有教养，傲慢无礼，不是一个贤德的妻子。我要休了她！"孟母一看孟子气得脸上的青筋都暴起来了，看来是真生大气了。孟母心想："从小我就教育他知进退、懂礼节。他最痛恨无礼的行为。不过，虽然他很生气，休妻这事也不能鲁莽，我先问问什么情况再说。"

孟母问他："你的妻子怎么傲慢无礼了？"

孟子就把刚才的事跟母亲说了一遍，边说边气得浑身打哆嗦。

孟母一听就明白了，心想："我们过着好好的日子，不能说休妻就休妻。我还得从他看重的角度——'礼'上来劝说他。"

孟母又问孟子："你怎么知道你的妻子在内室里是伸开双脚，曲着腿坐在席子上的？"

孟子说:"我自己亲眼看见的,还能有假吗?"

孟母说:"这就是你的不对了。是你没礼貌在先,不是你的妻子没礼貌。你懂礼节,也看重有礼貌的行为,但是你不记得了吗?《礼记》上说:'将要进屋的时候,先问问屋中有谁在里面;将要进入厅堂的时候,必须先高声宣扬,让里面的人知道有人要来了;将要进屋的时候,必须眼往下看,为的是不让屋里的人没准备。'现在你到妻子闲居休息的屋子去,进屋前没有高声宣扬,也没有问问屋里有什么人。你没有任何声响,悄无声息地就进入妻子的内屋。她不知道你来了,根本就没有任何准备,所以才让你看到她两腿伸开坐着的样子。这是你没礼貌,还是你妻子没礼貌呢?"

孟子一听,马上意识到是自己鲁莽了,赶忙对母亲说:"儿子一时性急,莽撞失礼了。我没有意识到自己的失礼,只顾抱怨别人,是我的不对。"

孟子休妻

思考提示

1. 从这个故事中，你学到哪些做人的道理呢？
2. 孟子都已经长大成人，娶了妻子了，你认为他还需要听从母亲的教导吗？为什么？

于是，孟子与妻子和好如初，不再提休妻的事了。通过这件事，孟子进行了深刻的自我反省，觉得自己读书读得僵化了，没有把所学用在生活中，反而指责自己的妻子，真是惭愧。从此以后，孟子更加严谨自律，学业和自我修养都不断提升。

孟母再次利用身边的生活琐事教育了孟子，把"万事礼为先"的道理活灵活现地展现给孟子。同时，她终生都践行着坚持不懈、言传身教的精神，一直身体力行地教育孟子，实在是一位见识高远、令人敬仰的伟大母亲。

故事延伸

孟母用"礼"的规范来启发和教育孟子的言行，对孟子形成自己的哲学思想影响深远。孟子非常重视仁、义、礼、智，同时，他把人伦关系概括为五种，即"父子有亲，君臣有义，夫妇有别，长幼有序，朋友有信"。孟子主张社会上的每个人都应该以仁义为标准来处理人与人之间的关系，这样社会才会稳定，百姓的生活、诸侯国的封建秩序和天下的统一才有可靠的保证。

孟子休妻

原文

孟子妻独居，踞①。孟子入户②视之，白其母曰："妇无礼，请去③之。"母曰："何也？"曰："踞。"其母曰："何知之？"孟子曰："我亲④见之。"母曰："乃汝无礼也，非妇无礼。《礼》不云乎：'将入门，将上堂⑤，声必扬。将入户，视必下。'不掩人不备⑥也。今汝往燕私⑦之处，入户不有声，令人踞而视之，是汝之无礼也，非妇无礼也。"于是孟子自责⑧，不敢去妇。

——西汉·韩婴《韩诗外传》卷九

注释

① 踞：箕踞，坐时伸开两腿，像个簸箕，这里指坐相不好。
② 户：此处指内室。
③ 去：除去，去掉。此处指男方把女方赶回家，即休妻。
④ 亲：亲自。
⑤ 堂：正屋，客厅。
⑥ 备：准备。
⑦ 燕私：闲居休息。
⑧ 责：责备。

译文

孟子的妻子独自一人在屋里,伸开两腿坐着。孟子进屋看见妻子这个样子,对母亲说:"我的妻子不讲礼仪,请允许我休了她。"孟母说:"为什么?"孟子说:"她伸开两腿坐着。"孟母问:"你怎么知道的?"孟子说:"我亲眼看见的。"孟母说:"这就是你没礼貌,不是妇人没礼貌。《礼记》上不是说了吗?'将要进屋的时候,将要进入厅堂的时候,必须先高声宣扬(让里面的人知道);将进屋的时候,必须眼往下看。'为的是不让人没有准备。现在你到妻子闲居休息的地方,进屋没有声响,因而看到了她两腿伸开坐着的样子。这是你没有礼貌,并非是你妻子没有礼貌!"孟子认识到自己错了,不敢再提休妻的事。

您好，孟子 五

孟子远行

开言引语

在孟母的精心教养下，孟子很早就受到礼仪文明的熏陶，并养成了诚实不欺的品格和坚韧不拔的学习精神，为他成长为一代名儒打下了坚实而稳固的基础。孟母对孟子的教育和督促从来没有放松过，无论是在孟子小时候、娶妻后，还是学业有成、游历各国的时候。孟母总是在关键时刻给予孟子最有力的教诲和支持。

大约在孟子四十岁时，他已学业有成，并形成了一套比较成熟的治国理念。在邹国，他逐渐被大家重视，甚至邹国的国君邹穆公也找他请教治国方略。就连曹国君主的弟弟曹交到邹国来，和孟子讨论了著名的"人皆可以为尧舜"的问题后，也非常想做孟子的弟子。眼看时机成熟，并且自己也已经到了"四十而不惑"的年纪，孟子开始寻找时机，到各诸侯国游历，希望推行"仁政"，治国兴邦。

这时候，齐国的齐威王花重金招纳天下人才。于是，孟子从邹国到了齐国国都临淄的稷下学宫。可是齐威王看重的人才是能冲锋陷阵的猛将，或是用强硬手段治国的人。他对孟子这样倡导仁义，主张施行仁政的人并不感兴趣。虽然齐威王给他的俸禄很高，但是孟子更看重的是能否推行自己的政治主张。他说："君子称

知识拓展

春秋后期，宗法礼制逐渐松弛瓦解，人身依附关系削弱，尚能尚贤的政策成为统治者的共识，有志之士和有能力的士人受到各国的欢迎和礼遇。养士之风成为贵族阶层的时尚，最著名的就是四君子养士的故事了。他们身边云集了来自四面八方、有各种才能的宾客。史籍记载，齐国孟尝君招徕诸侯宾客数千人，赵国平原君的宾客也有数千人，楚国春申君有门客三千人，魏国信陵君有食客三千人，秦相吕不韦也有食客三千人。

士人周游列国是社会常态。孔子所说的"士而怀居，不足以为士矣"（《论语·宪问》），反映的就是这种社会现象。士人如果总待在家里，不接触社会去解决实际

【孟子远行】

身而就位，不为苟得而受赏。"他宁愿舍弃荣华富贵，也要坚守自己的理想和信念。几年下来，眼看在齐国不能实现自己的政治抱负，孟子便舍弃在齐国的豪宅和重金，弃职回乡了。

孟子回到邹国后，一边继续收徒授学，一边寻找机会推行仁政和王道。

约四十五岁时，他听说宋国的宋偃(yǎn)王愿意

施行仁政，就想去宋国。但是看到自己的老母亲年龄大了，非常想在母亲跟前尽孝。他知道"父母在，不远游"，为了奉养母亲，他一再拖延周游列国的时间。

有一段时间，孟母看到孟子很不开心，愁眉不展，闷闷不乐，有时候还不自觉地长吁短叹。

她找了个机会问孟子："我儿最近可是遇到什么烦心事了，怎么长吁短叹的呢？"

孟子说："是吗？我经常叹气吗？儿子不孝，让母亲担忧了。"

孟母说："儿啊，你我母子连心。你的心思，娘还看不出来吗？你到底遇到什么麻烦了？"

孟子知道知子莫若母，自己是瞒不住母亲的，不说明情况，让母亲暗自担忧，更是不孝。于是，他就把自己想去宋国辅佐宋偃王，可是又因为母亲年迈，自己想好好尽孝，不敢远游的矛盾心理告诉了母亲。

孟母一听就明白了。她看着儿子说出了一段千古名言："儿啊，从你很小的时候，你父亲就去世了，

孟子远行

知识拓展

问题，那就算不上是一个真正的知识分子。当时诸子百家各学派的代表人物率领弟子周游天下，宣扬自己的治国理念。比如最著名的孔子率徒数百人周游列国的故事；孟轲带着数十乘车驾、弟子数百人，食于诸侯；农学家许行游于小小的滕国，也有十几个徒弟跟随。

所以，这时候"士"行动自由，游说于各诸侯国之间，谁赏识他们，他们就依附谁，为谁效力。当时的齐国、秦国是人才流入较多的国家。孟子周游列国的过程中，在齐国待的时间最长。

这些年我们母子二人一起走过了多少风风雨雨，你还不理解为娘的心吗？从你很小的时候，我就千辛万苦地培养你知书达礼，就是为了让你学成之后，辅佐明君，成就一番事业啊！"

"为娘我最看重的也是'礼'啊！古礼上说：夫妇人之礼，精五饭，羃酒浆，养舅姑，缝衣裳而已矣，故有闺内之修，而无境外之志。《易》曰：'在中馈，无攸遂。'《诗》曰：'无非无仪，惟酒食是议。'以言妇人无擅制之义，而有三从之道也。故年少则从乎父母，出嫁则从乎夫，夫死则从乎子，礼也。今子成人也，而我老矣！子行乎子义，吾行乎吾礼。"

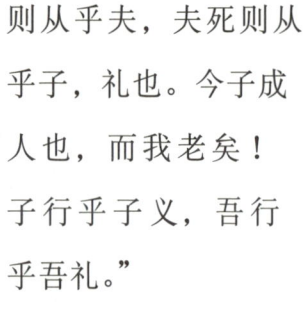

孟母从妇人之德的角度来劝慰孟子，说依照礼制，女人有三从之德：幼年时

期依从父母；婚嫁以后顺从丈夫；如果丈夫去世了，就要服从儿子。这是古礼，大家都明白。所以让孟子不要因为她而迟疑不决，要果断地走自己的路，做一个大丈夫该做的事。这样不仅符合礼制，也是她这个母亲的期盼。儿子可以推行仁义的主张，母亲可以实现尊礼行事的心愿。母子二人各得其所，皆大欢喜，不是很好吗？

孟母的话仿佛照亮了孟子的心，把他心中的积虑、担忧和犹豫一扫而空。于是，孟子愉快地到宋国辅佐宋偃王推行仁政去了。

的确如孟母所说，孟子在宋国做出了一定的贡献。在宋国时，他与宋人勾践谈论游说君主之道，提出了著名的"穷则独善其身，达则兼济天下"的理论。孟子认为，别人理解我，我自得其乐；别人不理解我，我也自得其乐。如何做到自得其乐呢？孟子的主张就是从根本上崇尚仁德和义。

【孟子远行】

思考提示

1. 孟子为什么不想离开自己的母亲到各诸侯国游历？如果是你会怎么做？

2. 你觉得遵循"礼"的规范，对你的学习和生活有哪些帮助？如果你不按照"礼"的规范做事，会出现什么样的状况？比如，和长辈一起吃饭时，和你一起吃饭的小朋友不遵循尊老爱幼的礼节，看到自己爱吃的饭菜，拿到自己面前自顾自地大吃。你对他是有好感，还是会觉得这样做不好呢？

故事延伸

正是在母亲的支持下，孟子放心地开始了周游列国，展现自己的政治抱负和社会理想的实践过程。孟子曾去齐国、宋国、滕国、魏国、鲁国等诸侯国推行自己的仁政思想。在游历的过程中，他一边收徒、授课，一边在实践中不断完善和梳理自己的政治理想和哲学思想。他从四十多岁带着学生周游列国，随行的学生最多的时候有几百人，跟随的车辆有几十辆。从一定程度上来说，正是在母亲一步步的支持和鼓励下，才成就了孟子事业上辉煌和卓越的成就。

原文

孟子处①齐，而有忧色。孟母见之曰："子若有忧色，何也？"孟子曰："不敏。"异日闲居②，拥楹③而叹。孟母见之曰："乡见子有忧色，曰不也。今拥楹而叹，何也？"孟子对曰："轲闻之：君子称身而就位，不为苟得而受赏，不贪荣禄。诸侯不听，则不达其上。听而不用，则不践其朝。今道不用于齐，愿行而母老，是以忧也。"孟母曰："夫妇人之礼，精五饭，羃④酒浆，养舅姑，缝衣裳而已矣。故有闺内之修，而无境外之志。《易》曰：'在中馈，无攸遂。'⑤《诗》曰：'无非无仪，惟酒食是议。'⑥以言妇人无擅制之义，而有三从之道也。故年少则从乎父母，出嫁

原文

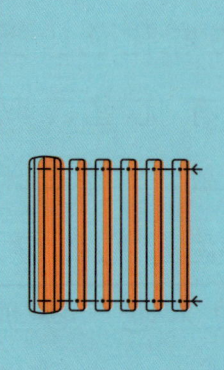

则从乎夫,夫死则从乎子,礼也。今子成人也,而我老矣。子行乎子义,吾行乎吾礼。"君子谓孟母知妇道。《诗》云:"载色载笑,匪怒匪教。"⑦此之谓也。

——西汉·刘向

《列女传·卷一·母仪·邹孟轲母》

注释

① 处:居住。

② 闲居:安闲在家。

③ 楹:柱,指厅堂前部的柱子。

④ 幎:同"幂",覆盖。

⑤ "在中馈,无攸遂"出自《周易·家人》:"六二,无攸遂,在中馈,贞吉。"遂:专断。中:家中。馈:食。中馈:指家中供膳诸事,或是指妻室。

⑥ "无非无仪,惟酒食是议"出自《诗经·小雅·斯干》,指女人不要议论家中的是非。非:错误。仪:通"议"。议:谋虑、操持。古人认为女人主内,只负责办理酒食之事,即所谓"主中馈"。无非,即无违,能够顺从帖服;无仪,即做事不会出格。

⑦ "载色载笑,匪怒匪教"出自《诗经·鲁颂·泮水》。色:指容颜和蔼。匪:语助词,无义。本句意思是:满脸和颜悦色,不怒自威,却能教化百姓。

译文

孟子在齐国的时候，常常露出忧愁的样子。孟母看到后，问他："你常常露出烦忧的样子，是不是遇到什么为难的事了？"孟子回答说："我觉得自己不够聪慧，所以忧伤。"又有一天，孟子在家休息，靠在柱子上哀叹。孟母看到后说："之前看到你脸上常常愁云密布，你说因为觉得自己不够聪慧，所以烦恼。今天你又抱着柱子叹气，到底是为什么呀？"孟子回答说："儿子听说，真正的君子因为有能力才会得到高官厚禄，不会因为贪恋荣华富贵、君王的恩赏而苟且偷生。（如果我的主张）不被诸侯王采纳，那么我的仁政思想就不能推行到诸侯国内。即使是诸侯国的国君愿意听取我的治国谋略，但只是听听，却不能在朝堂上实施，也没有达到我的目的。现在我的治国方略不能在齐国推行实施，我真想离开。可是，母亲您已年迈，经不起折腾和奔波。因为担心母亲，儿子才会烦忧。"孟母说："古礼上说：'妇人的本分就是操持家务，做饭酿酒，奉养公婆和家人，缝补衣裳，所以，才有了训练女子织布、绣花、操持家务的规矩，没有培养女子经邦治国的制度。'《易经》上说：'妇人遇

您好，孟子 六

孟子葬母

孟子葬母

开言引语

孟子在外游历了大约十年后，年迈的孟母去世了。孟子当时正游历到齐国，得到母亲去世的消息，便急忙从齐国赶回邹国为母亲守丧。在归葬故乡邹国马鞍山时，沿途的乡邻争相在路旁祭奠，表达对这位伟大母亲的尊敬和哀思。今天在山东省邹城市北二十里的马鞍山麓，还留有孟母墓，历代都有石刻颂扬她的坚贞志节与慈母风范，并建有孟母祠。

安葬母亲时，孟子悲痛万分，因为自己还要发扬光大儒学思想，推行王道，不能以身殉母，所以他就刻了一尊自己的石像为母亲殉葬。埋葬母亲后，孟子又回到齐国，住在嬴县这个地方。

路上来来回回奔波，再加上丧母之痛，孟子很疲倦。等他安顿好以后，跟随他的学生充虞（yú）才提出自己的问题："承蒙先生看得起我，让我监理您母亲棺椁（guǒ）的制作。因为前一阵举行丧

不知不觉，孟子已经到了不惑之年，母亲也慢慢老去。此时，齐国、滕国、宋国等诸侯国都在招纳天下贤能之人，辅佐自己雄霸天下。孟子一边渴望自己能奔走于各诸侯王，指点江山，实现推行仁政的宏图大志，一边又想到儒家提倡的"父母在，不远游"的思想教诲，希望能在母亲膝下尽孝。深明大义的孟母看到儿子犹豫不决的样子，教育孟子说：如果儿子可以

41

开言引语

孟子葬母

推行仁义的主张，母亲可以实现尊礼行事的心愿，那么母子二人就可以各得其所，皆大欢喜。她给孟子讲的这一番道理，为孟子周游列国推行仁政解除了后顾之忧。于是，孟子四十五六岁时再次周游列国，得以宣扬和推行自己的政治主张。也正是因为如此，孟子十几年一直在外游历，直到孟母临终前，孟子都没能陪伴膝下。

礼时大家都很忙乱，虽然我有疑问，也没敢请教您。今天我想请教先生——我觉得您使用的棺木似乎太好了。"

孟子一听，心里大概明白了充虞的意思。他知道这也是很多人的疑问，也许多数人对自己的行为是不认同的。

孟子回答道："充虞啊，这个问题问得好，问得很及时，估计这也是很多人的疑惑吧。我来给你说说。上古时期，大家对棺椁的尺寸，没有一定的规矩。到了中古时期，才规定棺厚七寸，椁的厚度以和棺木相称为准。从天子到老百姓，大家越来越讲究棺椁的木料，或是木材的厚度。你知道真正的原因是什么吗？"

充虞说："是为了尽孝呀！"

孟子问："如果是为了尽孝，使用什么样的棺椁才算是尽孝了、称心了呢？"

充虞一时答不上来了。

孟子说："如果按照国家的法律规定，平民不能用上等木料做棺椁，对于比较富裕的平民来说，就不能称心如意地尽孝。"

知识拓展

【孟子葬母】

我国古代的丧葬文化反映了当时宗法社会中人们的伦理思想和宗教观念，是古代文化的重要组成部分。我国的古代社会是以家族为基础建立起来的宗法制社会。这样的社会政治结构，从下至上依次为：家庭、家族、宗族、皇权。所以家庭关系稳固了，家族关系才会稳固；家族关系稳固了，宗族关系才会稳固；宗族关系稳固了，进而皇权才有可能稳固，

充虞说："是这样的，夫子。"

孟子继续说道："按照法律规定，有的人依照他的身份地位是能用上等木料做棺椁的，但是，因为他的家境贫困，没有足够的钱购买，也还是不能称心。"

充虞说："是。只有那些既有社会地位，财力又能买得起的人，才可以购买精美的木料为逝去的人做棺椁。"

孟子说："这就对了。古来如此，符合习俗，也不违背法规，我为什么不能做呢？我有客卿的地位，又有丰厚的俸禄，完全可以为母亲购

买上等的棺椁。关键是，精美的棺椁不仅是为了美观，而是要这样尽心尽力、诚心尊崇父母，才算尽了我的孝心。"

孟子的另一个学生乐正子真正体会到了孟子的孝心和他主张的"丧葬观"。

老百姓才能在和平稳定的社会环境里好好生活。因此，一个家庭的稳固是整个社会稳固的基础。而一个家庭能够稳固的基础就是"孝"和"悌"（敬爱兄长）。孝包括两个重要的内容：养老和送终。养老是对年迈的父母的赡养，送终是对父母逝后的埋葬。

孟子葬母

乐正子在鲁国做官时，执掌鲁国政权的是鲁平公。有一次，鲁平公本来说好要去拜访孟子，后来忽然决定不去了。乐正子问鲁平公是怎么回事。

鲁平公说："有人告诉我说，孟子办他母亲丧事的排场，大大超过以前办他父亲丧事的排场，所以我不去拜访他了。"

乐正子说："您所说的'超过'是什么意思呢？是夫子办父亲的丧事用士礼，办母亲的丧事用大夫之礼吗？还是办父亲的丧事用三个鼎摆设供品，办母亲的丧事用五个鼎摆设供品呢？"

鲁平公说："不是，我说的是棺椁衣衾(qīn)的差别。"

乐正子说："那不能叫'超过'，只是因为他家前后贫富不同罢了，所以买的棺椁衣衾不同。尽孝不在形式，而是根据自身实际的地位和财富等情况，尽心尽力才是孝道。"

孟子认为竭尽全力办好父母的丧事本来就是子女的分内之事。"亲丧固所自尽也。"（《孟子·滕文公上》）在任何情况下，都不应该从父母身上去省钱。"吾闻之也：君子不以天下俭其亲。"（《孟子·公孙丑下》）这就是孟子的丧葬观。所以他安葬孟母时购买了精美的棺材和寿衣等，竭尽全力表达对母亲教养自己的感恩之情和哀思。

孟母虽然去世了，但是他对孟子的教诲深深刻在儿子的心中。孟子一生都在践行着礼乐文明的精神。

您好，孟子 （六）

故事延伸

《孟子》中"孝"出现28次，有25章专门讲与孝相关的问题，其他章节中与孝相关的语句还有近30处。孔子基本上是从家庭伦理与个人道德角度论孝，而孟子论孝的广度与深度都发生了变化。孟子既把孝当作家庭伦理与个人道德问题对待，又把孝纳入整个社会政治经济问题之中，同时还把孝与人性问题联系在一起进行讨论。

思考提示

1. 你赞同孟子主张安葬亲人应该根据自己的经济情况和社会规定量力而行的做法吗？

2. 你觉得古代人的丧葬习俗有哪些合理的和不合理的地方？为什么？

3. 在我们现在的生活情况下，你能想出有利于社会发展和尊重逝者的安葬办法吗？

孟子葬母

【弟子各言其志】

原文

礼义由贤者出，而孟子之后丧逾①前丧。

——《孟子·梁惠王下》

古者棺椁②无度③，中古④棺七寸，椁称之。自天子达于庶人。非直为观美也，然后尽于人心。

——《孟子·公孙丑下》

注释

① 逾：超过；越过。
② 棺椁：古代棺材分内外两层，内层叫棺，外层的套棺叫椁。
③ 度：厚薄长短的标准。
④ 中古：指周公制礼的时候。

译文

礼义是贤者所提倡的，而孟子为母亲操办的丧事超过先前为父亲操办的丧事（所以孟子未必是贤德之人吧）。

上古对于棺椁的尺寸，没有一定规矩；到了中古，才规定棺木厚七寸，椁木以与棺木的厚度相称为准。从天子到老百姓，讲究棺椁的质量，不仅是为了美观，还是因为要这样才能尽到孝心。

您好，孟子 七

孟子拒召

孟子游历到齐国时，齐王非常尊敬他，时常召见他请教国事。

有一天，齐王又召见孟子。孟子早早洗漱干净，换好朝服，准备去拜见齐王。

刚要出门，齐王派人来传话，说："大王本应该来看老先生，但是不巧得很，大王感冒了，吹不得风。不过，大王将上朝处理政务，不知老先生能否去朝廷上拜见大王呢？"

孟子本已走到车马旁，正要出发，听到齐王的侍从说的这番话，马上回答说："不幸得很，我也生病了，不能去上朝。"

第二天，孟子要到东郭大夫家里去吊丧。公孙丑说："昨天您托词生病谢绝了齐王的召见，今天却去东郭大夫家里吊丧，这样不太好吧？"

孟子说："昨天生病，今天好了，为什么不可以去吊丧呢？"

开言引语

在中国思想史上，孟子是一员猛将：自尊、无所畏惧、充满自信，尤其是孟子倡导的浩然之气，具有无比强大的精神力量，得到历代仁人志士的推崇，令统治者恐惧和惊慌。拥有这种精神的人，面对外界一切精神和物质的诱惑、威胁，都能处变不惊、镇定自若，达到视死如

孟子拒召

开 言 引 语

归、"不动心"的境界。这也就是孟子曾经说过的"富贵不能淫，贫贱不能移，威武不能屈"的高尚情操。并且，孟子在日常生活中也践行着自己的这些思想主张。

【孟子拒召】

恰在此时，齐王派人来询问孟子的病情，并且带来了医生。孟子的堂弟孟仲子是个机灵的人，比较善于处理日常事务。他对齐王派来的人说："昨天大王令人传话时，我哥哥正生着病，不能去上朝。今天病刚好了一点儿，已经去上朝了，不知道他现在到朝堂没有？"

孟仲子一边应付齐王派来的人，一边急忙派人去路上拦孟子，让他无论如何不要回家，赶快上朝去。

您好，孟子 七

孟子一听齐王派来的人在自己家里，不得已，只好跑到好友景丑的家里去借宿。

景丑说："老先生啊，您这样就不对了。您不是最讲礼仪吗？儒家基本的伦理您都不能遵守，还谈什么王道和仁政呢？"

孟子问："此话何来？我做了什么违背礼制的事了？"

景丑说："儒家重君臣、父子之道。家庭内有父子之道，家庭外有君臣之道，这是人与人之间最重要的伦理关系。父子之间以慈恩为主，君臣之间以恭敬为主。我只看见齐王尊敬您，却没看见您尊敬齐王。您这样没病装病，不接受齐王的召见，是不是有违君臣之道啊？"

孟子说："这是什么话！和你们齐国人比起来，我是最尊敬齐王的了。"

知识拓展

"士"是中国古代社会一个特殊的阶层，这个阶层的崛起也是春秋战国时期比较引人瞩目的社会现象。

春秋时期，"士"还处于贵族统治阶级的最下层，他们的地位仅仅高于庶民。到了战国时期，情况发生了变化。各诸侯国为了争霸天下，争相招贤纳士，为他们出谋划策，争夺土地和人民。"士"阶层中富有知识和技能的人在政治、经济、军事、外交等方面发挥了重要的作用。各诸侯王越来越认识到"国有贤良之士众，则国家之治厚；贤良之士寡，则国家之治薄"（《墨子·尚贤》）。在剧烈的社会大变动中，能否起用真正有价值的士，甚至起着决定一个国家命运的巨大作用，"一言可

孟子拒召

知识拓展

【孟子拒召】

以兴邦，一言可以丧邦"，"贤人任而天下服，一人用而天下从"（《战国策·秦策》）。

《吕氏春秋·智育》中说："得地千里，不若得一圣人。"战国时代的君主们对张仪、苏秦为代表的"士"们礼敬有加，一个有才能的布衣之士可以傲视王侯，在王公贵胄前傲岸不屈、毫不谦让。这种现象说明士阶层的社会地位发生了很大的变化。《吕氏春秋》《战国策》等典籍里都有记载。《礼记·王制》也提到"造士"的具体方案："乐正崇四术，立四教，顺先王诗、书、礼、乐以造士，春秋教以礼乐，冬夏教以诗书。"

景丑摇了摇头说："你这个自大又自负的老先生啊！"

孟子说："你以为我在吹牛吗？来来来，我给你说说看。齐国人中，没有一个人与齐王谈论仁义。难道是他们觉得仁义不好吗？不是。他们心里想的是：'这样的王哪里配和自己谈论仁义呢？'这才是对齐王最大的不恭敬。而我，不是尧舜之道就不敢拿来向齐王陈述。所以，齐国人没有谁比我对齐王更恭敬的了。"

景丑说："不，我不是说的这个方面。《礼记》上说过，父亲召唤，不等到应'诺'，'唯'一声就起身；君王召唤，不等到车马备好就起身。可您呢？本来就准备拜见齐王，听到齐王召见反而不去了，这似乎和礼经上所说的不大相合吧？"

孟子说："原来你说的是这个呀！你没听说过一句话吗？贤人见拜不见召。天下有三样最尊贵的东西：一样是爵

位，一样是年龄，一样是德行。在朝廷上最尊贵的是爵位；在乡里最尊贵的是年龄；辅助君王治理百姓，最尊贵的是德行。这三样，齐王有几样？老夫有几样？"

景丑想了想，说："齐王爵位胜于先生，先生年龄和德行都高于齐王。"

孟子说："我可是有两样高于齐王。商汤对伊尹，先向伊尹学习，然后才以他为臣，于是不费大力气就统一了天下；桓公对管仲，也是先向他学习，然后才以他为臣，于是不费大力气就称霸于诸侯。所以，有作为的君主一定要

孟子就是"士"阶层中非常有代表性的人物。他是战国时代儒家学派的代表人物，曾是齐国百家云集的"稷下学宫"里的风云人物，是儒家思想的一代宗师。虽然他的仁政思想不受统治者的欢迎，但是他却能受到王侯们的礼遇，被视为上宾，社会地位很高，所以他敢于拒绝齐王的召见，保持一个"士"的独立个性。

思考提示

1. 孟子敢于拒绝国君的召见，这说明孟子是一个具有什么样品格的人？

2. 景丑指责孟子的依据是什么？

3. 对比一下景丑和孟子这两个人的思想，想一想从这个故事里看，孟子被称为著名思想家的原因是什么？

【孟子拒召】

非常敬重有才能的人，如果他有什么事情需要他们出谋划策，就应该亲自去拜访他们。这就叫尊重德行、喜爱仁道。"

稍微停顿了一下，孟子接着说道："商汤对伊尹，桓公对管仲就不敢召唤。管仲尚且不可以被召唤，更何况连管仲都不屑于做的人呢？所以，齐王怎么能够凭爵位就来怠慢我的年龄和德行呢？"

故事延伸

孟子被后世推崇的原因，除了他作为一个著名的思想家、政治家和教育家的贡献，还有他所赞颂并一直坚守的一些做人的基本原则，以及由此展现出来的个人魅力。孟子敢于拒绝国君的召见，就是这种人格魅力的体现。大家所熟悉的"贫贱不能移，富贵不能淫，威武不能屈"，就是孟子所赞扬的君子风格与做人的基本准则和追求。还有大家所熟悉的"我善养吾浩然之气"，也是孟子对自己和学生的自我修为提出的一个重要目标。这种君子风格对后世文人学者影响深远，也就是我们常说的"大丈夫气概"。

景子①曰："否，非此之谓也。《礼》曰：'父召，无诺②；君命召，不俟驾③。'固将朝也，闻王命而遂不果，宜④与夫礼若不相似然。"

曰："岂谓是与？曾子曰：'晋、楚之富，不可及也。彼以其富，我以吾仁；彼以其爵，我以吾义，吾何慊⑤乎哉？'夫岂不义而曾子言之？是或一道也。天下有达尊⑥三：爵一，齿一，德一。朝廷莫如爵，乡党莫如齿，辅世长民莫如德。恶得有其一以慢其二哉？故将大有为之君，必有所不召之臣；欲有谋焉，则就之。其尊德乐道不如是，不足与有为也。故汤之于伊尹，学焉而后臣之，故不劳而王；桓公之于管仲，学焉而后臣之，故

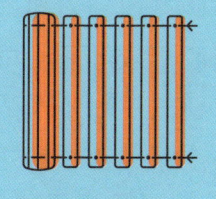

原文

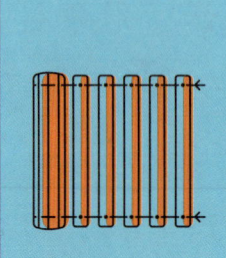

不劳而霸。今天下地丑⁷德齐，莫能相尚，无他，好臣其所教，而不好臣其所受教。汤之于伊尹，桓公之于管仲，则不敢召。管仲且犹不可召，而况不为管仲者乎？"

——《孟子·公孙丑下》

注释

① 景子：景丑氏，齐国的大夫。
② "父召，无诺"：见《礼记·曲礼》："父召无诺，先生召无诺，唯而起。""唯"和"诺"都是表示应答，急时用"唯"，缓时用"诺"。"父召，无诺"的意思是说，听到父亲叫，不等说"诺"就要起身。
③ 不俟驾：不等到车马备好就起身。俟：等待。《论语·乡党》记载："君命召，不俟驾行矣。"《荀子·大略》："诸侯召其臣，臣不俟驾，颠倒衣裳而走，礼也。"君王召见时，臣下不等车马准备好就应立刻动身。这是"礼"的规定。
④ 宜：义同"殆"，大概，恐怕。
⑤ 慊：憾，少，不满足。
⑥ 达尊：公认为尊贵者。达，通。
⑦ 丑：类似，相近，同。

景丑说:"不,我说的不是这个方面。《礼记》上说过,父亲召唤,不等说'诺'就要起身;君王召唤,不等到车马备好就要起身。可您本来就准备拜见齐王,听到齐王的召见反而不去了,这似乎和礼经上所说的不大相合吧。"

孟子说:"原来你说的是这个呀!曾子说过:'晋国和楚国的财富,没有人赶得上。不过,他有他的财富,我有我的仁;他有他的爵位,我有我的义。我有什么不如他的呢?'曾子说这些话难道没有道理吗?应该是有道理的吧。天下最尊贵的东西有三样:一样是爵位,一样是年龄,一样是德行。在朝廷上,最尊贵的是爵位;在乡里,最尊贵的是年龄;辅助君王、治理百姓,最尊贵的是德行。他怎么能够凭一样尊贵的东西(爵位),来怠慢我这个拥有两样尊贵东西(年龄和德行)的人呢?所以,大有作为的君主一定有他不能召唤的大臣,如果他有什么事情需要贤能的人帮着出谋划策,就应该亲自去拜访他们。这就叫尊重德行、喜爱仁道。不这样,就不能做到大有作为。因此,商汤对伊尹,先向伊尹学习,然后才以他为臣,于是不费大力气

就统一了天下；桓公对管仲，也是先向他学习，然后才以他为臣，于是不费大力气就称霸于诸侯。现在，天下各诸侯国的土地都差不多，君主的德行也都不相上下，相互之间谁也不能高出一等，没有别的原因，就是因为君王们只喜欢用听他们话的人为臣，而不喜欢用能够教导他们的人为臣。商汤对伊尹，桓公对管仲就不敢召唤。管仲尚且不可以被召唤，更何况连管仲都不屑于做的人呢？"

您好，孟子 八

孟子辞官

孟子辞官

开言引语

在辅佐齐宣王六七年后，此时的孟子已经约六十岁了。看到推行王道的希望渺茫，孟子便辞去齐国的官职，准备回故乡。

齐宣王亲自到孟子家送行，说道："过去您没到齐国来，我常常希望看到您，却不容易实现。后来您来到齐国，我们可以常常见面，我很高兴。现在您又要抛弃我回去了，不知道我们以后还会相见吗？"

看到齐宣王亲自过来送行，孟子心里对齐宣王的一丝幻想又升腾起来。他还是希望能够在齐国推行仁政。于是，孟子想了想，回答道："这个，我只是不敢请求您罢了，我本来是很希望能长期留在齐国，辅助君王您的。"

听孟子这么一说，齐宣王没有接话，转过头问跟随的大臣："给老先生带的礼物都搬进来了吗？"

孟子大概从四十岁开始周游列国，推行仁政和王道。从小的诸侯国滕国，到大的诸侯国齐国，他试着在七八个国家推行自己的政治理想，都没有成功。尤其是在齐国，虽然国家实力比较强大，且国君也希望能有所作为，但是依然没能实现自己的政

孟子辞官

开言引语

治抱负。孟子在齐国有自己的大房子，有丰厚的俸禄，但是这都不是他真正想要的。于是，在外游历十几载，无奈的孟子不得不做出了重要的人生选择。

齐宣王也明白孟子离开齐国的原因，是因为和自己推行的治国想法不一样：一个霸道，一个王道；一个霸权，一个仁政。两人的政治理想不能互相认同。虽然他不认同孟子的王道思想，但是很欣赏孟子的才华和声望，所以对孟子的离去，也的确是有些不舍。

孟子离开齐国时，在齐国边境的昼邑住了三天三夜，好像不愿意离去的样子。

有个叫尹士的人就对别人说："孟子这个人，真让人瞧不起。说走又不走，赖在我们齐国的昼邑住了三天，还盼着齐王挽留他呢！明明心里非常想长期留在齐国，还假惺惺地辞官归去，我最不喜欢这种人了。"

您好，孟子 八

孟子辞官

有人分辩说：

"孟子毕竟是有识之士，你怎么可以这么说他呢？"

尹士说："孟子才不是有识之士呢！他一个邹国人，满腹才学，希望找到一个英明的君主来辅佐。但是，他没能识别出齐王是一个不可能成为商汤王和周武王那样英明之君的君王，所以说他是一个不明世事的人。如果他能识别齐王不是一代明君，但是又跑来辅佐齐王，那就是贪图富贵，想要得到齐国国君的恩惠。这算什么有识之士？"

孟子辞官

知识拓展

孟子讲的"五百年必有王者兴",必须和"其间必有名世者"结合起来看,这里主要体现了孟子的忧国忧民之心和勇挑重担的精神,以及对仁政的期盼和为天下苍生着想的历史责任感。

孟子是"天下兴亡,匹夫有责"的践行者、先行者。在《孟子·尽心下》中,孟子这种追随圣贤、辅佐明君的理想说得更清楚。他说:"由尧舜至于汤,五百有余岁;若禹、皋陶,则见而知之;若汤,则闻而知之。由汤至于文王,五百有余岁,若伊尹、莱朱,则见而知之;若文王,则闻而知之。由文王至于孔子,五百有余岁,若太公望、散宜生,则见而知之;若孔子,则闻而知之。由孔子而来至于今,百有余岁,去圣人之世,若此其未远也,

孟子的学生高子把尹士的话告诉了孟子。

孟子望望远方的山脉,看看头顶湛蓝的天空,说:"那个尹士怎么可能了解我呢?我辛辛苦苦,不远千里来见齐王,是满怀期望主动来的。但是,来到齐国后却不能实现治国理想,没有办法才离开的,这怎么会是我愿意看到的结果呢?我是无可奈何呀!"

高子说:"那您为什么在昼邑住了三天才离开呢?"

孟子说:"因为在我心里,还是觉得齐宣王是个有理想的君王,他也为国家富强努力着。我住三天,就是希望他能改变主意,接受我的

王道思想，和我一起推行仁政。他如果改变态度，就会召我回去。"

高子说："明白了。老师，您还是为天下黎民着想的呀！"

孟子说："是啊！我就是希望齐王能改变，所以才每天盼望着。我难道像是一个目光短浅的小人吗？难道是一个向国君进言后不被接纳就发怒，满脸不高兴，离开时就要拼命走啊走，走到筋疲力尽才肯停下来歇歇的小气鬼吗？可惜，齐王没有来追我，我这才离开。我多么希望和齐王一起大干一场，不光让齐国的人民能安居乐业，让全天下的人民都安居乐业才好呢！谁能明白我这一番壮志和苦心啊！"

近圣人之居，若此其甚也，然而无有乎尔，则亦无有乎尔。"（从尧、舜到商汤王，经历了五百多年，像禹和皋陶，是亲眼看见而知道尧、舜之道的；像商汤王，则是通过传闻才知道的。从商汤王到周文王，又经历了五百多年，像伊尹、莱朱，是亲眼看见而知道的；像周文王，则是通过传闻才知道的。从周文王到孔子，又经历了五百多年，像太公望、散宜生，便是亲眼见到而知道的；像孔子，则是通过传闻才知道的。从孔子到现在，有一百多年，距离圣人生活的时代还没有多远，距离圣人的故乡又这么近，却没有能继承圣人之道的人，恐怕也不会有能继承的人了。）

历来仁人志士的历史担当和责任感都是相近的。司马迁在《史记·太史公自序》里开篇就说："太史公曰：'先人有言：自周公卒五百岁而有孔子。孔子卒后至于今五百岁，有能绍明世，正易传，继春秋，本诗、书礼乐之际？'意在斯乎！意在斯乎！小子何敢让焉！"

孟子辞官

知识拓展

【孟子辞官】

（太史公说："先人说过：'自周公死后五百年而有孔子。孔子死后至今也有五百年了，有能继承清明之世，订正《易传》，续写《春秋》，考辨《诗》《书》《礼》《乐》的人吗？'其用意就在于此，在于此吧！我又怎敢推辞呢？"）司马迁连着两次感叹"意在斯乎"，他的英雄气概和奋斗精神不亚于征战沙场的战士。

综上可见，"五百年必有王者兴"是一种历史责任感的体现。

尹士听说孟子这番话后，说："我才是一个小人啊！"

其实孟子离开齐国，不光是尹士这些人不理解，他的学生也不太理解。

他的学生充虞在和孟子一起返回邹国的路上就问道："老师，您看上去好像不快乐的样子。为什么呢？可是以前我曾听老师您讲过：'君子不抱怨上天，不责怪别人。'"

孟子说："我为什么要不快乐呀？从历史上来看，每五百年就会有一位圣贤君主兴起，其中一定还有名望很高的辅佐者。从周武王以来，到现在已经七百多年了。从年数来看，已经超过了五百年；从时势来考察，也正应该是时候了。但我还是不能推行王道和仁政。大概是老天不想让天下太平了吧。如果老天想让天下太平，在当今这个世界上，除了我还有谁能做那个有名望的辅助者呢？我相信自己的理论，不怨天，也不责怪别人，我没什么不快乐的！"

充虞说："老师，是我太浅薄了。老师自信乐观，正是孔子所说的'知者不惑，仁者不忧，勇者不惧'的君子呀！"

译文

事不能专断，主要职责就是料理家中饮食一类的事务。'《诗经》上也说：'女子要顺从、服帖，做事不出格。特别是女子出嫁之后，主要任务就是料理家事，管理好家中的衣食起居等事。'这就是说，依照礼制，女人没有独断、任性的权利，却必须要有三从之德：幼年时期依从父母；婚嫁以后顺从丈夫；如果丈夫去世了，就要服从儿子。现在你已经长大成人，我也老了。你（不用顾忌我）去做一个君子该做的事情，我顺从了儿子的意愿，也能做一个贤德的妇人。"大家都赞赏孟母明事理，遵守妇道。《诗经·鲁颂·泮水》说："面容和蔼带着笑，轻声细语中就做到了教化育人。"说的就是孟母这样的人啊！

故事延伸

孟子晚年回到故乡后，主要从事教育和著书的工作。在《孟子·尽心上》中，他说到君子有三乐，其中一乐就是"得天下英才而教育之"。他回到家乡后，一边收徒授课，一边与自己的弟子万章等人整理典籍，阐发孔子的思想学说，并结合自己的思想和实践，写成《孟子》一书，共七篇。《孟子》一书阐释了孟子的主要思想，是我们了解孟子和其思想最重要的资料。所以，孟子辞官回乡，著录《孟子》一书，对后世的我们来说，可以说是一大幸事。

思考提示

1. 孟子在齐国物质生活富裕，也得到齐国人的尊敬，为什么还会辞官呢？

2. 尹士为什么说孟子不是真正的君子？

3. 孟子辞官后，是灰溜溜走的呢，还是有所坚持？你怎样看待孟子的做法？

4. 通过故事，你对孟子有怎样的认识和评价？你从孟子身上学到了什么？

孟子辞官

原文

孟子致为臣而归①。王就见孟子，曰："前日愿见而不可得，得侍同朝，甚喜。今又弃寡人而归，不识可以继此而得见乎？"对曰："不敢请耳，固所愿也。"

——《孟子·公孙丑下》

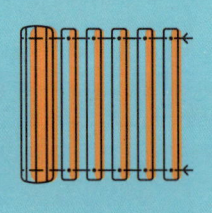

孟子去齐，尹士②语人曰："不识王之不可以为汤、武，则是不明也；识其不可，然且至，则是干③泽④也。千里而见王，不遇故去，三宿而后出昼，是何濡⑤滞⑥也？士则兹不悦。"

——《孟子·公孙丑下》

孟子去齐。充虞路问曰："夫子若有不豫⑦色然。前日虞闻诸夫子曰：'君子不怨天，不尤人⑧。'"

原文

曰："彼一时，此一时也。五百年必有王者兴，其间必有名世者⑨。由周而来，七百有余岁矣。以其数则过矣，以其时考之则可矣。夫天未欲平治天下也；如欲平治天下，当今之世，舍我其谁也？吾何为不豫哉？"

——《孟子·公孙丑下》

注释

① 致为臣而归：指孟子辞去齐宣王的客卿而归故乡。致，在古代有"致仕""致禄""致政"等多种说法，"致"是"归还"的意思。
② 尹士：齐国人。
③ 干：求取。
④ 泽：恩泽、恩惠。
⑤ 濡：滞留。
⑥ 滞：久，长期。
⑦ 豫：快乐，愉快。
⑧ 不怨天，不尤人：尤，责怪，抱怨。这是引孔子的话，见《论语·宪问》。
⑨ 名世者：有名望而辅佐君王的人。

译文

孟子辞去齐国的官职准备回乡。齐王专门去看孟子，说："从前希望见到您而不可能；后来终于得以在一起共事，我感到很高兴；现在您又将抛弃我而归去了，不知我们以后还能不能够相见？"孟子回答说："我不敢请求罢了，这本来就是我的愿望。"

孟子离开齐国，有个叫尹士的人就对别人说："不能识别齐王不可能成为商汤王和周武王那样的伟大君王，就是不明白世事；如果能识别其不可能，但是又来了，那就是想要求取齐王的恩惠。行走了千里路来见齐王，得不到赏识又走了。走的时候，还在昼地住了三天才走，是多么想长期滞留在齐国啊！我最不欣赏的就是这种人。"

孟子离开齐国，充虞在路上问道："老师好像不快乐的样子。可是以前我曾听老师您讲过：'君子不抱怨上天，不责怪别人。'"孟子说："说那个话的时候是一种情况，现在又是一种情况。从历史上来看，每五百年就会有一位圣贤君主兴起，其中必定会有名望很高、贤德的辅佐者。从周武王以来，到现在已经有七百多年了。从年数来看，已经超过了五百年；从时势来考察，也应该是时候了。大概老天不想让天下太平了吧。如果想使天下太平，在当今这个世界上，除了我还有谁（更适合做一个贤明的辅佐者）呢？我（名扬天下、充满智慧）为什么会不快乐呢？"

没有规矩，不成方圆

您好，孟子 九

这一天，孟子和弟子们登上峄(yì)山。面对怪石嶙峋，风景奇异的峄山美景，孟子忽然间又想起和齐宣王谈论国事的岁月，不觉又是一阵心痛。

孟子问随行的弟子，说："你们说说，齐宣王因为不忍心看到一头牛被活活杀死，而让人换了一只羊来祭祀，不能不说他是一个有仁心的人。可是宣王执政时，齐国却没能兴旺发达，这是什么原因呢？"

万章率先发言，说："齐宣王虽然自己有仁心，但是他不把这份心思用在治理国家、爱护百姓上，只能成就自己仁心的美名，却不能治理好齐国。"

孟子微笑着看看万章，点点头。

公孙丑坐在一块大山石上，山风吹来，清爽欢愉，思路也格外清晰起来。

他想了想，走到孟子跟前，说道："先生曾

开言引语

"不以规矩，不能成方员"是人们在生活中常用的格言警句。这句格言来自于《孟子·离娄上》。

孟子游历各诸侯国，在齐国待的时间最长，齐宣王也很尊重孟子，可是孟子在齐国也没能成功推行仁政。孟子从齐国辞官返回邹国后，继续教授弟子，讨论天下大事，总结出一些非常有智慧的名言警句。

没有规矩，不成方圆

经说过'不以规矩，不能成方员'。一个人即使有离娄那样超出常人的视力，公输子那样举世闻名的技巧，如果不用圆规和曲尺，也不能准确地画出方形和圆形；即使有师旷那样敏锐的听力，如果不用六律，也不能校正五音。同样，一国国君即使有尧的学说和思想，如果不实施仁政，也不能治理好天下。齐宣王空有仁心，却没有效仿前代圣王施行仁政，所以才没能治理好齐国。"

孟子听了很高兴，说："你们能够学以致用，用我教给你们的思想分析天下大事了，很好！我给你们说说吧。只有仁心，却不施行仁政，是白白拥有一颗善心；只有好的政策，却没有爱民之心，也是白白制定了好的政策。治理国家，纲纪文章、谨权审量，样样

都不能缺。圣人既已用尽了脑力，试验了各种办法，施行了仁政，那么仁德就遍布天下了。就像《诗经·假乐》说的那样：'不要有偏差，不要遗忘祖宗的好传统，一切都依循传统的规章来。'"

咸丘蒙是孟子弟子中比较喜欢尧舜孝道的学生。他听孟子和其他弟子讨论后，缓缓地说道："先生和师兄弟们都有真知灼见，我喜爱尧、舜先贤，却没有想到这一层意思。你们说得对，就像修建高台一定要凭借山陵，挖深池一定要凭借沼泽一样，如果管理政治不凭借前代圣王之道，就太不聪明了。所以，现在有些诸侯，虽然有仁爱的心和仁爱的名声，但老百姓却受不到他的恩泽，不能成为后世效法的楷模，这是因为他没有实施前代圣王仁政的缘故啊！"

充虞深得孟子信赖，常常伴随在孟子左右。这时候，孟子看着充虞，

没有规矩，不成方圆

知识拓展

"规矩，方员之至也；圣人，人伦之至也。欲为君尽君道，欲为臣尽臣道，二者皆法尧舜而已矣。不以舜之所以事尧事君，不敬其君者也；不以尧之所以治民治民，贼其民者也。"（《孟子·离娄上》）

"三代之得天下也以仁，其失天下也以不仁。国之所以废兴存亡者亦然。天子不仁，不保四海；诸侯不仁，不保社稷；卿大夫不仁，不保宗庙；士庶人不仁，不保四体。"（《孟子·离娄上》）

鼓励他也说说自己的看法。

充虞说："我不知道自己说得好不好，请大家多多批评。良好的规矩是很重要的，但是我觉得由贤德的人来制定政策，引领百姓更重要。因为如果不仁慈的人占据了统治地位，就会把他的恶行败德传播给老百姓。居上位的人没有道德规范，处于下位的人就没有法规制度。朝廷不信道义，工匠不信尺度，官吏触犯义理，百姓触犯刑律。如此下去，国家还能生存下来的，也只能靠侥(jiǎo)幸了。"

孟子高兴地拍了拍充虞，说："充虞说得太好了，认识更深刻。所以说，城墙不坚固，军备不充足，这些不是国家的灾难；田野没开垦，经济不富裕，这些也不是国家的祸害。如果在上位的人没有礼义，在下位的人就得不到教育和指导，违法乱纪的人就会越来越多，这才是国家的祸害。这样的话，国家离灭亡也就不远了。所以说没有规矩不成方圆，治理国家也是如此。仁君要'法先王'，一心向善，用仁政来要求自己，讲仁义、修道德，才能更好地治理国家。"

故事延伸

孟子主张仁政与王道，他心目中理想的君王就是古代的圣王，所以提出了"法先王"的政治主张，希望效法古代圣明君王的言行和管理天下的方法。儒家所说的古代圣王的代表就是尧、舜、禹、周文王和周武王。孟子认为，为政的一个重要办法就是"遵先王之法"。孟子的"法先王"思想是先秦儒家政治理念的进一步阐释和延续。孔子曾提出"祖述尧舜""宪章文武"的理念，后来，荀子也提出了"先王之道，仁之隆也"的主张。

思考提示

1. 通过这个小故事，说说孟子对待学生的态度是怎样的？

2. 孟子从"不以规矩，不能成方员"出发，总结出了怎样的治国道理？

没有规矩，不成方圆

没有规矩，不成方圆

原文

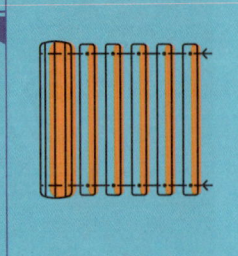

离娄①之明，公输子②之巧，不以规矩③，不能成方员；师旷④之聪，不以六律，不能正五音⑤；尧舜之道，不以仁政，不能平治天下。

——《孟子·离娄上》

注释

① 离娄：人名，《庄子》作"离朱"，相传为黄帝时人，眼力极强，能于百步之外望见秋毫之末。
② 公输子：人名，即公输班，鲁国人，故又叫"鲁班"。春秋末年著名的木匠。
③ 规矩：圆规和角尺，画圆、画方的工具。
④ 师旷：春秋时期著名的乐师，目盲，善辨音乐。
⑤ 五音：古代以宫、商、角、徵、羽为五个音阶。

译文

就是有离娄的目力，公输般的技巧，如果不用圆规和曲尺，也不能正确地画出方形和圆形；师旷耳力聪敏，但如果不依据六律，也不能校正五音；所有尧、舜之道，如果不施行仁政，也不能使天下太平。

您好，孟子 十

五十步笑百步

开言引语

有一天，梁惠王问自己的大臣，说："我们君臣同心，辛苦这些年，可是百姓人口没有增多，开垦的土地也没有增加很多，所以士兵队伍以及国家的粮食也没有增加多少。想要实现国富兵强的治国目标，这不还差得远吗？"

大臣们附和道："是啊，君上。我们的问题出在哪里呢？怎么办才好呢？"

这时候，有一个大臣站出来，说："君上，邹国的孟子不是在这里吗？听说他是儒家学派的领袖人物，对兴邦治国也有很透彻的研究。何不找他谈一谈呢？"

梁惠王一听，说："有道理。这个孟子名扬天下，又是这把年纪，肯定有不少好主意。"

这一天，梁惠王设宴款待孟子，请教说："老先生，我费心尽力治国，又爱护百姓，却不见百姓人口增多，这是什么原因呢？"

五十步笑百步

公元前320年，魏国国君梁惠王在位四十多年后，认识到人才的重要性，就采用"厚币卑礼"的办法招贤纳士，为他出谋划策，希望恢复魏国诸侯霸主的地位。于是，学识渊博的孟子就带领着他的数百名弟子来到魏国。在协助魏王治理国家、推行自己的政治主张的过程中，孟子善于运用寓言故事来讲解自己的思想。"五十步笑百步"就是这样一个故事。

知识拓展

战国时期，由于各诸侯国之间战争规模的扩大和对抗的加剧，开始出现了全民皆兵制。在中国历史上，战国时期是典型的全民皆兵的时期。农民成为主要兵源。比如在秦赵间的长平之战时，秦王为了取得这一决定性战役的胜利，亲自赶到河内郡，征召所有成年男子支援前线。战国七雄中的秦、楚皆拥兵百万，其他五国军队人数也分别在30万~50万之间。当时，百姓是很重要的兵源保障。所以，增加百姓人口成为战国时期各诸侯国重要的大事。这也是好战的梁惠王为百姓人口增长缓慢而焦虑的重要原因。

【五十步笑百步】

这时候，孟子已经五十多岁了，经过多年的历练，他思想成熟，做事稳重。他想：上次给大王说到治国不能以"利"为目的，虽然大王听明白了，但还是不想放弃争权夺利的念头。看来要想说服大王施行仁政可不容易，我得想个好办法才行。

孟子整理了一下衣襟，想了想，说："怎么说呢？君上您喜好征战，那我就拿打仗打个比方来说说吧！历来打仗的时候，双方军队在战场上相遇，免不了要进行一番厮杀，厮杀的结果必定有一方被打败。"

梁惠王一听说起打仗的事了，很兴奋，激动地坐直了身子，高声说道："这是当然了，胜败乃兵家常事嘛！"

孟子说："那么打败的一方的士兵就会丢盔弃甲，飞奔逃命。有的士兵跑得快，很快逃到大概一百步远的地方。有的士兵跑得慢，逃到大概五十步远的地方。请问君王，假如这个跑了五十步的士兵，觉得自己勇敢，嘲笑那个逃窜了一百步的士兵，说他太贪生怕死了。您怎么看呢？"

梁惠王听了，哈哈大笑，说："这不是傻吗？

春秋战国时期，周王室衰落，各诸侯国纷纷争雄称霸，互相兼并，战乱不止。根据史料记载，在春秋时期300多年的时间里，诸侯国之间的战争约有400~500次，造成大量的人口死亡。战国时期，战争规模比之前更为庞大，参与作战的士兵人数也更多。据统计，在多年的征战中，各诸侯国仅士兵就死伤约340万人。平民百姓在战争中受到的伤害非常大。比如，公元前225年，秦军引黄河之水灌注魏国的都城大梁，水浸三月，城中百姓死伤无数。

五十步笑百步

逃跑了一百步的人和五十步的人有什么不一样，都是贪生怕死的人。"

听梁惠王这么说，孟子心里就有数了。他看到梁惠王真心实意地想要请教自己，心想：征战对百姓的危害实在太大了，不能再这样杀戮下去。今天是个好机会，我要跟这个喜欢征战的君王好好地说一说自己的想法。

孟子捋了捋胡子，清楚缓慢、一字一句地说道："君上您说得太对了。同样的道理，您想想自己现在治理国家的办法，是不是也是这样呢？您喜欢打仗，每一次征战都要消耗很多粮食，还有许多士兵在战争中战死。所以，战争给百姓带来的灾祸是巨大的。虽然您费心尽力治国，爱护百姓、努力促进粮食生产，国家粮食和百姓人口都有所增加。但是，一场征战后情况会怎样呢？"

梁惠王沉默了。

孟子看梁惠王沉默不语，就停顿了一会儿，随后又慢慢说道："战争的危害实在是太大了！一场征战之后，粮食、战马、士兵等都会遭受损失，百姓也惨遭杀戮，国家人口大大减少。您再尽心尽力地治理国家、爱护百姓，也经不起战争的祸害呀！这与五十步笑百步的道理是一样的。所以，如果您不能减免征战，粮食就会继续损耗，百姓和士兵也会继续遭到杀戮，人口就不可能增多，魏国怎么可能会比邻国更强大呢？"

故 事 延 伸

孟子来到魏国时，梁惠王在位已经四十多年了。梁惠王即位后，励精图治，魏国曾经鼎盛一时。公元前361年，魏国迁都大梁。但在以后的战争中，"东败于齐，西丧秦地七百余里，南辱于楚"，魏国开始衰落。晚年时期，梁惠王仍然希望恢复魏国的霸主地位。于是，他任用惠施为相，进行改革，可惜他没有认真地贯彻新法。当孟子来到魏国时，梁惠王自称治国尽心竭力，但还是没能扭转魏国衰落的境况。所以，他多次请教孟子。可惜他也没有听从孟子的政治主张。大约在公元前319年梁惠王去世时，魏国依然没有恢复强国的地位。

思 考 提 示

1. 这个故事讲的是战国时期魏国的事，为什么故事里称呼魏国国君为"梁惠王"呢？（提示：想想魏国的都城在哪里？）

2. 通过故事，想想"五十步笑百步"讲了什么道理？

3. 想想在生活和学习中，自己有没有发生过"五十步笑百步"这样的事？看了这个故事，想想以后自己应该怎么做？

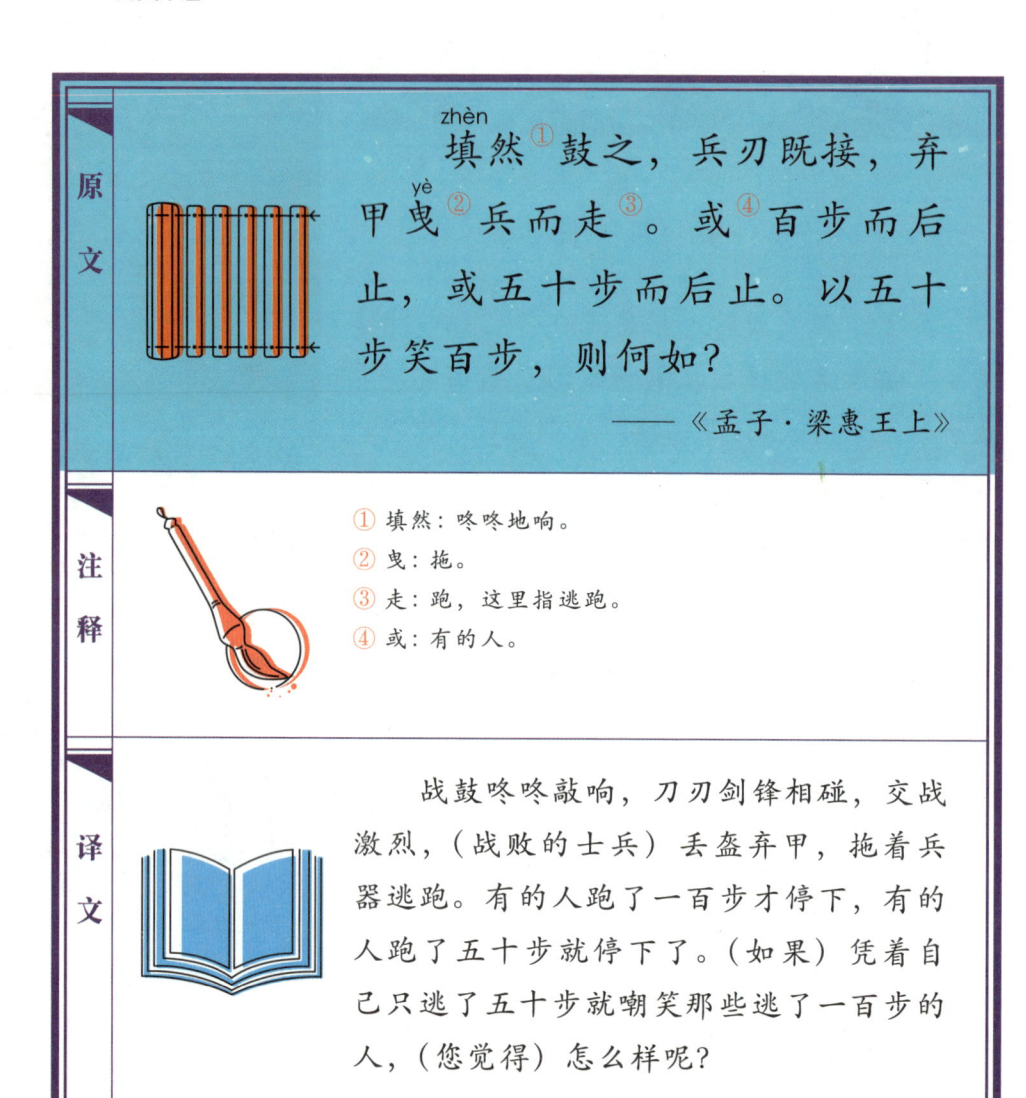

原文

　　填然①鼓之，兵刃既接，弃甲曳②兵而走③。或④百步而后止，或五十步而后止。以五十步笑百步，则何如？

——《孟子·梁惠王上》

注释

① 填然：咚咚地响。
② 曳：拖。
③ 走：跑，这里指逃跑。
④ 或：有的人。

译文

　　战鼓咚咚敲响，刀刃剑锋相碰，交战激烈，（战败的士兵）丢盔弃甲，拖着兵器逃跑。有的人跑了一百步才停下，有的人跑了五十步就停下了。（如果）凭着自己只逃了五十步就嘲笑那些逃了一百步的人，（您觉得）怎么样呢？

您好，孟子 十一

率兽而食人

【率兽而食人】

开言引语

名扬天下的孟子率领弟子们到了魏国。魏国的梁惠王经常和孟子探讨治国的道理和方法，有一段时间非常信任孟子。

这一天，梁惠王在他的猎场里召见孟子。他说："老先生，野外空气清新，今天我们一起散散步，活动活动吧。"

孟子说："好的。多运动好。君上身体康健，是魏国百姓的福气啊！"

二人在猎场的草地上边走边聊。惠王说："老先生，你给我讲讲治理国家，做一位贤明君主的道理吧。我乐于听取你的指教。"

孟子听了很高兴，连忙向梁惠王作揖行礼："君上这样尊重老夫，又这么为魏国子民操劳，实在难得，是魏国子民的大幸啊！"

孟子想到在来魏国路上看到的漫山遍野的百姓尸体，心里一阵阵隐痛。于是，他对梁惠

战国时期，由于各诸侯国连年征战，百姓流离失所，生活困顿，甚至出现了人吃人的惨剧，路上和田地里到处都可以看到饿死的百姓的尸体。

孟子一直主张"民为贵，君为轻""得民心者得天下"的思想，当他看到当权者为了实现自己的霸权，不顾百姓死活，互相征伐时，心里非常着急。所以，在《孟子》这部书中，孟子显得愤世嫉俗、能争好辩，其实主要

【率兽而食人】

开言引语

是因为他看到百姓生活在水深火热中，急于劝说当权者行仁政、爱护百姓。同时，他还要与当时社会上一大批摩拳擦掌、极力向各诸侯王推行霸道策略的谋士进行论辩，防止他们鼓动各诸侯国互相征战。"率兽而食人"就是讲了这样一个故事。

王说："我们今天就来说说杀人这件事吧。请问君上，用木棍打死人和用刀子杀死人，有什么不同吗？"

梁惠王回答说："结果都是把人打死了，没有什么不同呀！"

孟子又问他："用刀子杀死人和用政治害死人有什么不同吗？"

梁惠王看着孟子，笑了起来，说："也没有什么不同呀！你这是又想给我说什么呀？张嘴就先讲了这么一通杀人的道理。什么事情能这么严重，都到了杀人的地步了。"

孟子说道:"我说的是魏国管理国家事务的大事。魏国管理国家事务的父母官,不是为百姓服务,而是像野兽吃人一样呀!"

梁惠王一听,有些不高兴了,说:"你这是什么话,难道我魏国的官员都是'杀人犯'吗?"

孟子说:"君上不要生气,听我说说您就明白了。现在魏国这些管理者的厨房里有的是肥肉,马厩里有的是强壮的马,可是您看看宫墙外老百姓的生活是什么样子的?他们一个个饿得面黄肌瘦,野外还躺着一具具饿死的尸体。一边是您这里富足的生活、强壮的兵马,一边是穷困潦倒的天下百姓。您的统治和野兽吃人有什么区别呢?"

梁惠王盯着孟子,似懂非懂,觉得孟子说得好像很有道理,但是自己又不能完全明白。

率兽而食人

知识拓展

率兽而食人

贫富问题和儒家提倡的"仁政"思想息息相关。《孟子》一书开篇就提出为了谋利而管理国家是大忌的说法。战国时期，各诸侯国都有因为谋利而造成的悲惨现象。饿死的老百姓越来越多，统治者却说与自己的治理方法无关，都是灾荒害的，是年成不好的缘故。所以，孟子说这和把人杀了，却说"跟我没有关系，是武器杀的人"是一个道理。如果侍奉国君的人只想办法为国君谋求财物，把百姓困苦的生活归罪于荒年，这就像帮助夏桀一样的暴君富有一样，不仅不会富国，只能使国家加速亡国。

孟子看到梁惠王似乎还能接受自己的说法，紧接着说道："君王您想想，野兽互相残杀，大家都觉得伤害同类是不道德的、让人唾(tuò)弃的。魏国的这些当权者管理国家，搞得百姓们吃不饱、穿不暖，横尸遍野。治理百姓的国家当权者，不能解决百姓忍饥挨饿的生活，甚至任由百姓饿死在野外，这不就像率领老虎、狮子等野兽吃人一样吗？他们怎么能算是百姓的父母官呢？简直就像吃人的猛兽一样啊！"

梁惠王看了看远处的战马，又瞧了瞧侍从端着的新鲜瓜果和美食，想起之前自己出行时看到的一个个面黄肌瘦的百姓，一句话也说不出来了。

孟子陪着他默默地站了一会儿，又缓缓地说："君上，为了当权者富足的生活和马匹、粮草等征战装备而搜刮百姓，让百姓陷入困苦的生活中，这不是一个贤明的君王治理国家的办法呀！您这样的治理方法，和拿着刀子、棍棒杀人有什么不一样呢？"

故事延伸

梁惠王即位以来，多次被秦国和齐国打败，他认为这是奇耻大辱。同时，他也希望通过战争方式恢复魏国的强国地位。孟子多次与梁惠王讨论国事，每次都非常恳切地劝说他放弃穷兵黩武的治国理念。孟子说："地方百里而可以王。王如施仁政于民，省刑罚，薄税敛，深耕易耨(nòu)。壮者以暇日修其孝悌忠信，入以事其父兄，出以事其长上，可使制梃以挞秦、楚之坚甲利兵矣。"（《孟子·梁惠王上》）本文这个小故事就是孟子劝梁惠王要"施仁政，行王道"的重要文献记载之一。

思考提示

1. 通过这个故事，可以看出孟子游说时的谈话技巧是什么？你会使用这样的技巧去劝说别人，或者是讲述自己的想法吗？

2. 故事中提到坐在高高官位上的父母官，如果不能好好地管理国家事务，老百姓吃不饱、穿不暖，那么这些官员就像带着野兽来吃人的恶徒。为什么孟子会用这么血腥的比喻来指责执政的官员呢？

率兽而食人

率兽而食人

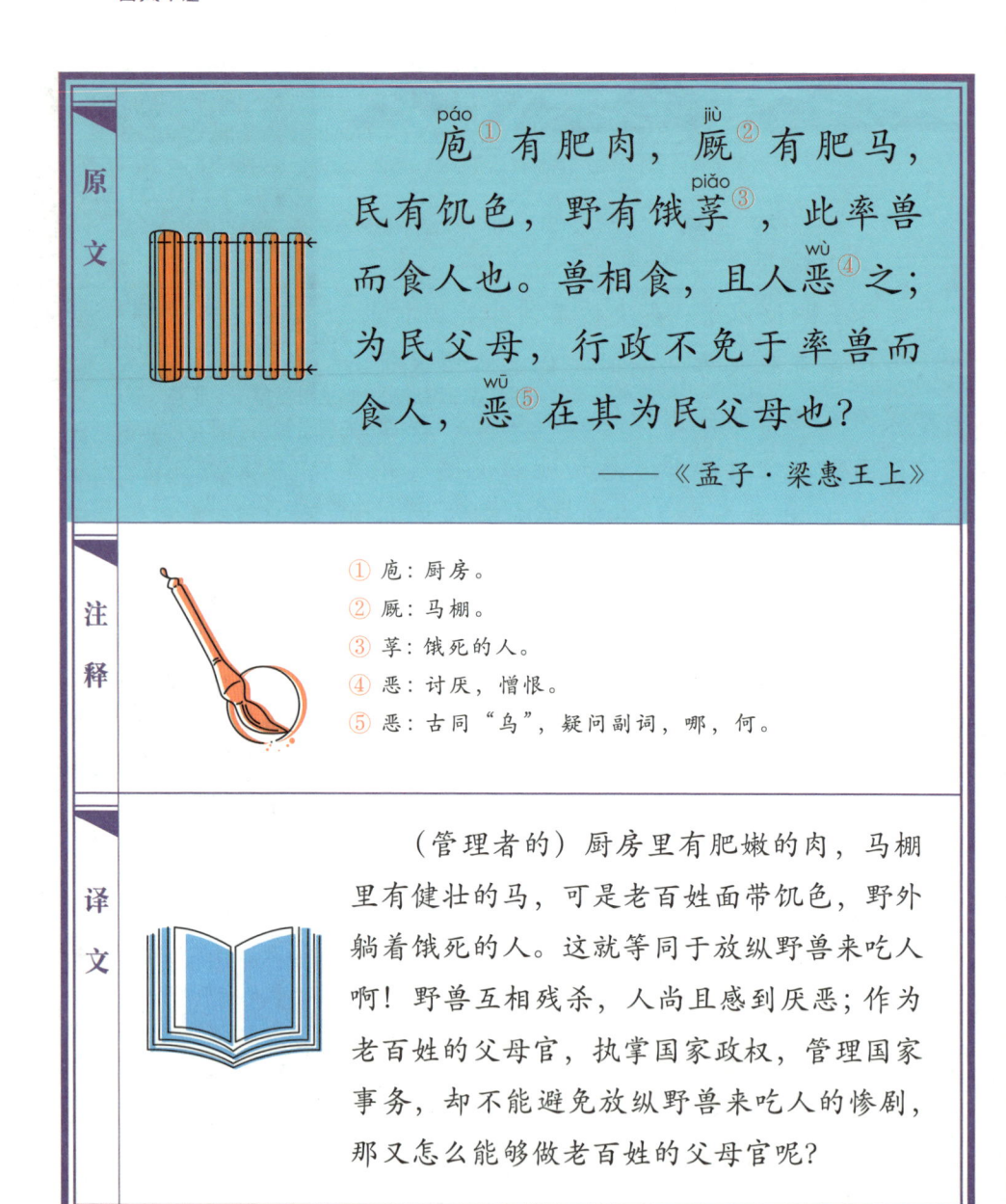

原文

庖①有肥肉，厩②有肥马，民有饥色，野有饿莩③，此率兽而食人也。兽相食，且人恶④之；为民父母，行政不免于率兽而食人，恶⑤在其为民父母也？

——《孟子·梁惠王上》

注释

① 庖：厨房。
② 厩：马棚。
③ 莩：饿死的人。
④ 恶：讨厌，憎恨。
⑤ 恶：古同"乌"，疑问副词，哪，何。

译文

（管理者的）厨房里有肥嫩的肉，马棚里有健壮的马，可是老百姓面带饥色，野外躺着饿死的人。这就等同于放纵野兽来吃人啊！野兽互相残杀，人尚且感到厌恶；作为老百姓的父母官，执掌国家政权，管理国家事务，却不能避免放纵野兽来吃人的惨剧，那又怎么能够做老百姓的父母官呢？

您好，孟子 十二

缘木求鱼

开言引语

孟子来到齐国后，齐宣王经常和孟子讨论治国方略，他们慢慢熟悉起来。

有一次，孟子问齐宣王："君上，您最大的愿望是什么呢？可以讲给我听听吗？"

齐宣王笑了笑，却不说话。

他们二人曾多次讨论治理国家的事，孟子很清楚齐宣王最大的心愿就是征伐各诸侯国，成就霸业。

所以他故意问道："君上，您是希望获得美味的食物、轻暖的衣服、美妙的音乐和足够多的伺候的人吗？"

齐宣王说："不，我不是为了这些。我手下的大臣都能够提供这些。"

孟子说："您的志趣不在于这些日常生活的物质享受。那么，我知道您最大的愿望了。"

齐宣王笑笑说："是吗？那你说来听听。"

齐国的稷下学宫，又叫稷下之学，是齐桓公田午时期开始创建的官办高等学术机构。来自各个诸侯国的学者在这里互相争辩、诘难（jié nàn），形成了一个开放、自由的思想中心。更为可贵的是，当时齐国统治者对学者们采取了十分优待的政策，封了不少著名学者为"上大夫"，并"受上大夫之禄"，即拥有相应的爵位和俸养，允许他们"不治而议论"（《史记·田敬仲完列传》），"不任职而论国事"

缘木求鱼

开言引语

（《盐铁论·论儒》）。因此，稷下学宫具有学术和政治的双重性质，既是一个官办的学术机构，又是一个官办的政治顾问团体。

名扬天下的孟子五十多岁时游历到齐国，一到稷下学宫就受到齐宣王的尊重，被拜为齐国的客卿，有自己的大房子，还有俸禄。虽然生活优裕，学术氛围轻松，但是孟子来这里的目的不是为此，而是推行王道和仁政。这个故事就是孟子来到齐国后发生的。

"您是想要扩张国土，让秦、楚这些诸侯国都来朝贡，您来统领天下，安抚四方落后的民族吧？"孟子说。

齐宣王点了点头，说："知我者，孟子也。你太了解我的心思了！"

孟子皱着眉头说："不过，我很替您担心呀！如果按您现在的做法去实现您的愿望，就好像爬到树上去捉鱼一样，是不可能的。"

齐宣王挺起后背，盯着孟子问："那不是南辕北辙、背道而驰了吗？我的统治有这么糟糕，会出现这么严重的后果吗？"

孟子一看齐宣王严肃起来了，便大声说："恐

怕比这还要严重呢！爬上树去捉鱼，虽然捉不到鱼，却也没有什么后患。麻烦的是，以您现在的做法来实现您的愿望，费尽心力去干的话，一定会有灾祸在后头。"

齐宣王觉得刚才过于紧张，有点儿失态了。他松了一口气，换了个坐姿，缓缓地说："你把道理说给我听听吧，我愿意聆听你的教诲。"

孟子说："好的。咱们慢慢说。假如邹国和楚国打仗，君上您认为哪一国会打胜呢？"

齐宣王说："当然是楚国胜。"

孟子说："很明显，小国军事力量不强，不能与大国为敌；人口少的国家士兵、粮食不足，

知识拓展

稷下学宫，又称稷下之学，是由战国时期田齐的齐桓公田午创办的官办学宫。"稷"是齐国国都临淄城（今山东省淄博市）一处城门的名称。"稷下"即齐国都城临淄的稷门附近，因学宫地处稷门附近而得名为"稷下学宫"，存在了大约一百五十年。

稷下学宫以官学的黄老之学为中心。但是除了道家学说，还有儒、墨、杨、法等学派的学说。作为当时百家学术争鸣的中心，稷下学宫聚集了当时主要的学术精英，有力地促成了百家争鸣局面的形成。学宫中发生了很多有名的辩论，如杨朱的力命之辩、名实之辩，道儒墨的天人之

缘木求鱼

知识拓展

辩、义利之辩、王霸之辩、攻伐寝兵之辩等。

稷下学宫具有咨询、教育、学术讨论等功能。学宫里的成员既可以为当权者提供咨询，充当国家的顾问团，又可以著书立说，进行学术研究，还可以广收门徒，起到一定的教育作用。

不能与人口众多、粮食充裕的国家为敌；弱国更是不能与强国为敌。周王朝的土地，方圆千里共有九块，齐国不过占有其中一块罢了。想用这一块去征服其他八块，这跟邹国和楚国打仗有什么区别呢？都是小国打大国，弱国打强国呀！君上，您好好想一想，是不是可以用其他更好的办法去实现您的愿望呢？"

齐宣王说："既然你这么说，肯定是有办法了。不要卖关子，快给我说说还有其他好办法能实现我的愿望吗？"

孟子说："好办法就在眼前。做事情不能治标不治本。比如，您可以从最根本的王道开始做。如果您能把天下人的安危放在心里，治理国家的出发点是让百姓安居乐业，有识之士能够充分发挥自己的才能，在这样的国家里，百姓富足安康，各得其所，工作有干劲儿，生活有奔头，还会有什么灾祸呢？"

齐宣王微笑着看了看孟子，没有说话。

孟子继续说："这样的话，天下做官的人都想到您的朝廷上来做官；天下的百姓都想到您的国家来种地；天下做生意的人都想到您的国家来做生意；天下旅行的人都想到您的国家来旅行；天下痛恨本国国君的人都想到您这来控诉。果真做到了这些，还有谁能够与您为敌呢？如果能这样推行王道的话，您治理国家的方略就不是缘木求鱼，而是顺藤摸瓜、瓮中捉鳖、探囊取物了。"

思考提示

1. 你还知道与"缘木求鱼"类似的成语故事吗？

2. 孟子与他人辩论时常用的一个方法就是：铺陈夸张，步步升级。这个故事是从哪些方面展现出孟子的这个论辩技巧的？

故事延伸

齐宣王算不上是个明君，但是在他执政期间，齐国得到快速的发展。尤其是齐桓公时创立的稷下学宫，在齐宣王时期得以发扬光大，是形成战国时期"百家争鸣"局面的重要因素之一。

孟子在稷下学宫得到大家的尊重，齐国君王、卿大夫和百姓也都佩服孟子的学识。齐宣王多次向孟子请教称霸天下的方法，孟子因势利导，游说齐宣王弃霸道而行王道，可惜齐宣王没有听从孟子的建议，后来在重要的军事决断时期，做了错误的选择，做出了文中说的"缘木求鱼"一样的荒唐事。历史上比较著名的，就是燕人叛乱，求救于齐宣王的事件。在帮助燕国平定叛乱后，齐宣王没有听从孟子爱护燕国百姓的建议。不久，齐国就在赵、魏、韩、楚、秦等国的压力下被迫撤军，而燕人则共立公子职，是为燕昭王。齐宣王当时就感叹说："吾甚惭于孟子。"

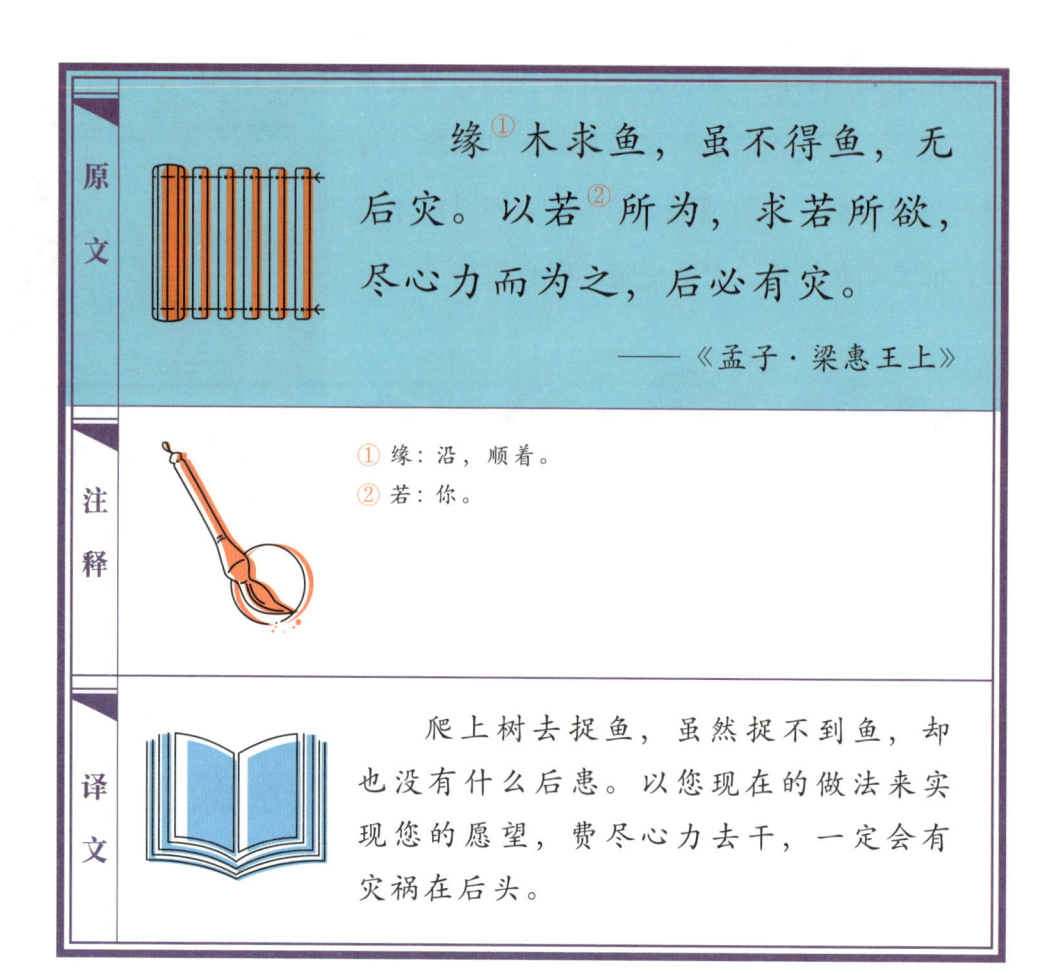

缘木求鱼

原文

缘①木求鱼，虽不得鱼，无后灾。以若②所为，求若所欲，尽心力而为之，后必有灾。

——《孟子·梁惠王上》

注释

① 缘：沿，顺着。
② 若：你。

译文

爬上树去捉鱼，虽然捉不到鱼，却也没有什么后患。以您现在的做法来实现您的愿望，费尽心力去干，一定会有灾祸在后头。

不为也，非不能也

您好，孟子 十三

这一天，风和日丽，齐宣王和孟子相谈甚欢。宣王聊得开心，邀请孟子到他的花园里观赏美景，边走边聊。

齐宣王说："《诗经·巧言》里说：别人有什么心思，我能猜到。说的就是夫子你这样的人呀！你能理解我心里的想法，真是我的知音呀！"

孟子说："君上，作为君主，您的想法、做法都有一统天下的王者风范呀！"

齐宣王最喜欢听人夸赞他有王者风范了，听孟子这么一说，特别开心。又一听孟子说到称霸天下的事，更感兴趣了，说："老先生，你给我仔细讲讲，我的做法和心态与统一天下的王道是怎么相合的？"

孟子微笑地看着齐宣王，说："君上，有人跟您报告说'我的力量能够举起三千斤重的东西，但是我拿不起一根羽毛；我的视力能够看清

开言引语

不为也，非不能也

孟子五十多岁的时候，曾经在齐国辅佐过齐宣王。这时候的孟子深谙人情世故，洞察世事。多年的游历生涯，让他积累了丰富的游说经验，在各诸侯国游说时，能够游刃有余地因势利导、因地制宜、有的放矢，根据不同的诸侯王的特点来推行自己的仁政思想了。这个故事就充分展现出孟子的这个游说经验。

【不为也，非不能也】

秋天鸟儿细小毫毛的末梢，却看不见摆在眼前的一车柴草'，大王您会相信他的话吗？"

齐宣王说："肯定不信呀！"

孟子继续说道："我听说大王您看到一头牛被宰割时战战兢兢的样子，心里很不忍，让人放了那头牛。"

齐宣王觉得这是自己做过的比较得意的一件事，展现了君王的慈爱风范。于是，他略带骄傲地说："是有这么一回事。"

孟子说："君上，您看，您稍微动一下慈悲之心就可以让一头牛免受祸害。您这样的恩典连动物都能得到，但是却不能让老百姓感受到，这是为什么呢？"

齐宣王说:"是啊!我也很苦恼。我做事常常为百姓着想,可是百姓却不理解我,反倒还有很多怨言。"

孟子看了看齐宣王,说道:"现在老百姓生活困顿,不能安居乐业。君上您对一头牛都心生怜悯,可见您心地纯良,有仁人之心。可是您却不能用您的仁爱之心怜惜受冻挨饿的老百姓,帮他们过上丰衣足食的生活,所以他们才会对您怨声载道。"

齐宣王问:"这和你说的王道有什么关系啊?"

孟子从路旁捡起一根羽毛,说:"一根羽毛拿不起来,是不愿意用力气拿的缘故;一车柴草看不见,是不愿意用眼睛看的缘故。推行王道不是空话,它需要君王把老百姓的事放在第一位,一件件、一桩桩认认真真地去做,帮着他们勤劳致富。君上,您没有能够用王道来统一天下,是不愿意做,而不是做不到。"

齐宣王听孟子这么说,盯着盛开的芍药花看了半天,然后哈哈一笑,问:"你说说不愿意做和做不到有什么区别呢?"

【不为也,非不能也】

知识拓展

仁政的基础之一就是"爱民",爱民思想的具体行动之一就是"与民同乐"。所以,孟子希望齐宣王能够时刻为百姓的安危着想,以天下百姓的喜乐为己任,让老百姓安居乐业。只有君民同心协力,才能实现仁政的理想。

【不为也,非不能也】

孟子想,看来我要说得再直白一些,一定要把这个道理给君王说清楚:"君上,要是让一个人把泰山夹在胳膊下跳过北海,这人说'我做不到',这是真的做不到。要是让一个人为老年人折一根树枝,这人说'我做不到',这是不愿意做,还是做不到呢?"

宣王说:"折根树枝连小孩子都能做得到,当然是因为他不愿意做了。"

"那么,君上,您想想,您对一头牛都能这么慈悲,何况对您的百姓呢?所以,您没有用王道来统一天下,就像说自己不能为老年人折树枝一样呀!不是做不到,而是不愿意做!"孟子一字一句,缓慢而坚定地说道。

此时,齐宣王终于明白孟子的意思了。

故事延伸

在孟子的游历生涯中，有三次来到齐国。第一次是齐威王时期。第二次是齐宣王继位以后。当时，孟子听说齐宣王特别尊重有学问的人，便马上来到齐国。年轻的齐宣王听说后，热烈欢迎孟子和其弟子们的到来，并为他提供了豪华的住所，也常常与他探讨国事。本文提到的小故事就是齐宣王与孟子讨论国事时发生的事情。虽然孟子想尽办法劝说年轻有为的齐宣王施行仁政，但是齐宣王最终还是没有依照孟子的建议来治理齐国。

思考提示

故事中，孟子说齐宣王有一统天下的王者风范。你认为这是孟子的真实想法，还是游说技巧？为什么？

【不为也，非不能也】

原文

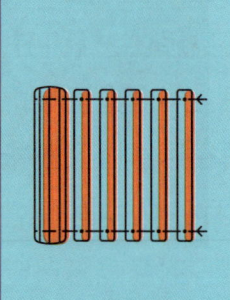

然则一羽之不举，为不用力焉；舆①薪②之不见，为不用明焉；百姓之不见保，为不用恩焉。故王之不王③，不为也，非不能也。

——《孟子·梁惠王上》

注释

① 舆：指车中装载东西的部分，后泛指车子。
② 薪：柴火。
③ 不王：指未能实行王道。

译文

这样看来，一根羽毛拿不起来，是不愿意用力气拿的缘故；一车柴草看不见，是不愿意用眼睛看的缘故；老百姓不能安居乐业，是君王不愿意施恩惠的缘故。所以大王您不用"仁政"来治理国家，是不愿意做，而不是做不到。

您好，孟子 十四

得道者多助，失道者寡助

得道者多助，失道者寡助

这一天，孟子师徒又在一起学习讨论，孟子跟大家说："今天，我们来说说怎样才能打胜仗这个问题。还是你们先说，我们再一起讨论。"

有的弟子说："光杆司令难成大事，得有足够多的士兵才能打胜仗。"

有的弟子说："孔夫子说过，'工欲善其事，必先利其器'，得有高级的战车、武器才能打胜仗。"

有的弟子说："常言道，'兵马未动，粮草先行'，得有充足的粮草才能打胜仗。士兵们吃不饱、穿不暖，怎么能打仗呢？"

孟子听了大家的发言，说道："大家说的都有道理。我们这样来想想，譬如有一座小城，每边只有三里长，它的外城每边也只有七里长。这么小的一座城池，敌人围攻它，却不能获胜。这是为什么呢？"

开言引语

《孟子》这部书记载了孟子和他的学生相处和讨论不同问题的内容，其中最吸引我们的就是他们师徒孜孜不倦地追求人间正道的精神，双方互相砥砺，尤其是师徒论辩过程中彼此坚持的批判精神和独立思考的能力，令人感动。孟子所倡导的浩然正气、仁义道德精神跃然纸上。通过这个小故事，我们能深刻感受到孟子的这种人格魅力。

国风小注

这个问题很有挑战性，使大家陷入了沉思。过了一会儿，孟子鼓励大家展开讨论。有的学生说："夫子，我觉得有时候作战要借助自然的力量，水攻、火攻都是很好的战略战术。"

孟子说："有一定的道理。不过，大家想想，如果双方作战时，自然气候等条件都很好，但经过长期围攻，却不能取胜，一定是因为这座城池占据有利地势，且牢不可破。这就是说，双方打仗，有时候天时好却不如占据有利的地理位置重要。"

得道者多助，失道者寡助

有的弟子说:"对。如果地势有利,水攻、火攻都无计可施。也就是说,双方交战,有时候天时不如地利。"

孟子又问道:"那么如果另有一座城池,城墙又厚又高,护城河又宽又深,士兵的兵器和盔甲锐利坚固,粮食也很充足,可是敌人一来,大家都弃城逃走,这又是怎么回事呢?"

有的弟子嘀咕(dí gu)道:"这就太奇怪了,兵精粮足,干吗急着弃城逃跑呀?"

公孙丑是孟子弟子中的佼佼(jiǎo)者,他说:"夫子,是不是和人心有关呢?孔子曾经说过'苛政猛于虎'。统治者一层层盘剥百姓,百姓都快活不下去了,正盼着逃出火海呢!攻城的来了,老百姓想,正好趁机赶走这个恶魔般的统治者,说不定能来一个爱护大家,让大家吃饱穿暖的官员呢!"

得道者多助,失道者寡助

知识拓展

天、地、人三者的关系古往今来都是人们所关注的问题。孟子在这里主要是从军事方面来论述天时、地利、人和之间的关系，观点鲜明：天时不如地利，地利不如人和。三者之中，人和是最重要的，起决定作用，地利次之，天时再次之。孟子重视人，强调"民为贵，社稷次之，君为轻"。所以，他论述天时、地利、人和的关系时，也是从强调"人和"的重要性出发，从而得出了"得道者多助，失道者寡助"的结论。这就从君王们感兴趣的征战角度来讨论他主张的"仁政"。

【得道者多助，失道者寡助】

孟子说："公孙丑说得很好。城池牢固，粮食充足，都不是能打胜仗的关键原因。打胜仗最重要的因素是人心所向，也就是士兵、百姓要和当权者一条心。"

孟子另一个得意弟子咸丘蒙说："明白了。这就是先生您之前说过的'地利不如人和'吧？"

孟子说："对。施行仁政的人，大家跟着他能安居乐业，过上好日子，所以百姓从心里愿意跟随他，帮助他。如果君王不断地施恩于百姓，别的国家的百姓也愿意跑到他这里来，那么，帮助他的人就会越来越多。"

万章说："夫子，现在的诸侯王多数不施行仁政，百姓日子艰难，到处跑着讨生活，还不一定能吃饱穿暖，有的甚至饿死在路边。他们心里满是怨恨，对统治者恨得咬牙切齿。所以，怎么可能听从君王的指挥呢？那样的话，愿意帮助君王的人就会越来越少。一国国君，帮助他的人少到极点时，连亲戚都会反对他；帮助他的人多到极点时，全天下都会顺从他，说的就是这个道理吧。"

孟子赞赏地看了看万章，点了点头。

接着又有弟子说道："这就是老师常说的老百姓不是靠封锁边境线就可以限制住的，国家也不是靠山川险阻就可以保住的，疆场安危靠的是民心向背。"

最后，孟子总结道："威行天下不必凭兵器的锐利，施行仁政才是吸引天下人的根本，拿全天下归顺的力量来攻打那个连亲戚都反对的人，那么，仁君圣主要么不发动战争，如果发动战争，是一定会获胜的。"

思考提示

1."得道者多助，失道者寡助"，这句话中的"得道者"和"失道者"在故事中具体是指什么样的人呢？

2.天时、地利、人和，你认为哪一个更重要？为什么？

故事延伸

"道"是先秦许多思想家追求的终极目标。儒家的"道"主要指的就是"仁"的思想。具体到政治思想就是指"仁政"，具体到个人修为就是"仁人"。孟子的思想主张认为：求道的路径在个人的自我修为、自我反思和学习。《孟子·离娄上》说："道在迩而求诸远，事在易而求诸难。人人亲其亲，长其长，而天下平。"也就是说，道明明在眼前，非要向远处寻求；事情本来很容易，却偏偏往难处做；只要人人亲近自己的亲人，敬爱自己的长辈，天下就太平了。

得道者多助，失道者寡助

原文

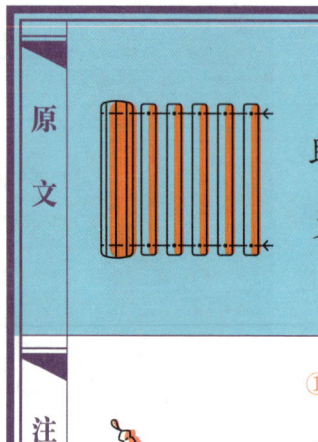

得道者①多助，失道者②寡③助。寡助之至④，亲戚畔⑤之；多助之至，天下顺⑥之。

——《孟子·公孙丑下》

注释

① 得道者：实施"仁政"的君主。者，……的人，此处特指君主。道，正义。
② 失道者：不实施"仁政"的君主。
③ 寡：少。
④ 之至：到达极点。之，意思是"到，到达"。至，意思是"极点"。
⑤ 畔：同"叛"，反对。
⑥ 顺：归顺，服从。

译文

施行仁政的人，帮助他的人就多；不施行仁政的人，帮助他的人就少。帮助的人少到极点时，连亲戚都反对他；帮助他的人多到极点时，全天下都顺从他。

您好，孟子 十五

乐以天下，忧以天下

开言引语

"先天下之忧而忧，后天下之乐而乐"，是大家比较熟悉的名句，出自北宋范仲淹的散文名篇《岳阳楼记》。这句话寄托了数千年来仁人志士以天下为己任的政治抱负。左丘明在《左传·襄公十一年》中也曾说过："居安思危，思则有备，有备无患。"南宋的陆游也曾说过"位卑未敢忘忧国"。仁人志士的这种情怀和品格是一脉相承的。

乐以天下，忧以天下

战国时期，齐国的齐宣王有一个行宫，名字叫雪宫。雪宫里遍布亭台楼阁、花园鱼池、珍禽异兽。

这一天，宣王在雪宫里召见孟子，很得意地问他："贤人有在这样的行宫里居住游玩的快乐吗？"

孟子回答说："有。可是老百姓不是家家都有宫殿，很多人得不到这种在宫殿里游玩的快乐，他们就会埋怨自己的国君，没能让他们发家致富，过上富足欢快的日子。"

齐宣王一听，心想：又来了，这个老先生，好好地想带他游玩一番，还要趁机训诫我。

这样想着，齐宣王不免皱起了眉头，一句话也不说，扔下孟子，独自往前走去。走着走着，他转念一想：算了，毕竟他说的话也是有道理的。不如我趁机说说自己的烦恼吧！

知识拓展

北宋范仲淹《岳阳楼记》里的名句"先天下之忧而忧，后天下之乐而乐"，以及全篇的基本思想都是从《孟子》的"乐以天下，忧以天下"思想化用来的。

嗟夫！予尝求古仁人之心，或异二者之为。何哉？不以物喜，不以己悲；居庙堂之高则忧其民；处江湖之远则忧其君。是进亦忧，退亦忧。然则何时而乐耶？其必曰："先天下之忧而忧，后天下之乐而乐乎"。噫！微斯人，吾谁与归？（范仲淹《岳阳楼记》）

【乐以天下，忧以天下】

宣王停住脚步，一边给湖里的鱼喂食，一边等孟子走近，然后说："唉！老先生不知呀，百姓有自己的爱好和烦忧，君王也有君王的爱好和烦忧。百姓不理解君王的爱好和烦忧，只会埋怨君王。"

孟子顺着宣王的话说："君上您说得对。百姓得不到这种快乐，就只顾埋怨国君做得不好，做得不对。不知道君王也有君王的难处呀！"

齐宣王听到天天说为百姓谋福利的孟子居然也说百姓有不对的地方，脸色缓和了许多，说道："老先生，你真是理解我呀，百姓要是都能像你这样就好了。"

孟子说："百姓不能体谅君王的难处，是百姓的问题。可是君上您想想，百姓为什么不理解您呢？您自己是不是也有做得不够好的地方？"

齐宣王一听，心想：好啊你个孟夫子，又把球踢到我这里来了。齐宣王看着高飞的鸿雁，一言不发。不过，他略微一想：也是啊，百姓为什么不理解我呢？

他转过头去问孟子："老先生，你说这是为什么呢？"

孟子看齐宣王又搭理他了，心想：看来还有希望，这个君王还是很想有所作为的，有想解决问题、关心百姓的样子。

于是，他乐呵呵地说道："君上，您想想，作为老百姓的领导，只顾自己住豪华宫殿，

这段话的意思是：唉！我曾经探求古时品德高尚的人的思想感情，他们或许不同于以上两种心情，这是为什么呢？是因为古时品德高尚的人不因外物的好坏和自己的得失而欢喜或悲伤。在朝廷做官就为百姓担忧；不在朝廷做官而处在偏远的江湖中就为国君担忧。这样他们在朝廷做官也担忧，退处江湖也担忧。虽然这样，那么他们什么时候才快乐呢？他们一定会说："在天下人忧愁之前先忧愁，在天下人快乐以后才快乐吧？"唉！如果没有这种人，我同谁一路呢？

乐以天下，忧以天下

享受奇珍异宝，不关心百姓的死活，这是一个英明君王的样子吗？现在您在这里炫耀宫殿的奢华，享受美景，不能和齐国的老百姓一起分享。这样做，也是不对的吧？您对百姓的生活不管不顾，又怎么能指望百姓关心您的喜怒哀乐呢？"

齐宣王问："依照先生的意思，我怎么做才好呢？"

孟子耐心地回答道："一个贤德的国君看到老百姓有什么忧愁，会非常着急、担忧，想尽办法帮着百姓解除烦忧。这样的话，君王有了危难，老百姓也会把他当成自己人，为国君分忧解难。如果国君看到天下百姓生活得快乐，比自己住豪宅，享用美食都快乐，那么老百姓看到国君快乐，才会像看到自己的亲人安康幸福一样，为国君高兴啊！"

齐宣王说："你说得有道理。人同此心，心同此理。我爱人人，人人才会爱我啊！"

孟子说："如果君上觉得我说得对，为什么不这样做呢？"

齐宣王说："难啊！我有个毛病，太喜爱钱财。"

孟子顺着他的意思说："喜爱钱财好啊！周文王的祖先公刘也喜爱钱财。《诗经》中的《大雅·公刘》就称颂了他的德行。他到处察看土地肥沃还是贫瘠，花费很大的精力帮助百姓提高谷物收成，还帮百姓伐木取材保证日常生活的需要。于是，百姓粮食堆满仓，弓箭堆满库，民众仰仗他过上了好日子。人们感念他的恩德，都迁到他这里生活，拥护他、归顺他。周朝事业的兴起就是这样开始的。"

齐宣王说："是啊，公刘是我们学习的楷模。"

孟子说:"公刘这样做不仅百姓富足,而且当他率领军队征战时,后方有充足的粮草,百姓不会因为战争缺吃少穿。君上您明白,行军打仗,粮草先行。行军的人有充足的干粮和武器,大家紧密团结,一起上阵,才最有希望打胜仗。君上,如果您喜爱钱财,能想到老百姓也喜爱钱财,帮助他们发家致富,这对施行王道是很有利的。"

齐宣王说:"噢……恐怕还是不行。我还有个毛病,喜爱女色。"

孟子回答说:"这不是一样的道理吗?如果君王喜爱女色,能想到老百

思考提示

1. 你了解历史上的齐宣王吗？想象一下，他的雪宫是什么样的？通过这个故事里的描述，说一说齐宣王时期的齐国是诸侯国中的强国吗？为什么？

2. 历史上的公刘是谁？为什么齐宣王说公刘是大家学习的楷模？

3. 你还能想到历史上有哪些著名人物有"乐以天下，忧以天下"的情怀吗？

【乐以天下，忧以天下】

姓也喜爱女色，帮助无妻无夫的百姓组建家庭，让他们也有美满的婚姻生活，他们还能不拥戴您吗？这也是推行王政很重要的一步啊！"

过了一会儿，孟子看齐王还不是很明白，就说道："君上，说白了就是，一代明君应该以百姓的忧愁为忧愁，以百姓的快乐为快乐。"

故事延伸

除了"乐以天下，忧以天下"，孟子还提出"民为贵，社稷次之，君为轻"的说法，更好地体现出孟子的仁政思想和以民为本的社会政治理念。

孟子认为，老百姓最重要，土神、谷神次之，君主为轻。得到人民的拥护才能做天子，得到天子的欢心才能做诸侯，得到诸侯的欢心才能做大夫。也就是说，没有老百姓的拥护和认可，就谈不上什么天子、诸侯、大夫，从正面阐述了"民贵君轻"的思想。

"民贵君轻"是孟子仁政学说的核心，具有民本主义色彩，对中国后世的思想家有极大的影响。

您好，孟子 十五

乐以天下，忧以天下

原文

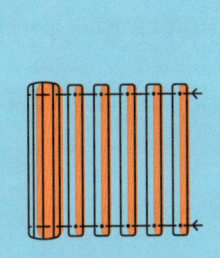

乐①民之乐②者，民亦乐其乐；忧③民之忧④者，民亦忧其忧。乐以⑤天下，忧以天下，然而不王者，未之有也。

——《孟子·梁惠王下》

注释

① 乐：动词，以……为快乐。
② 乐：名词，快乐。
③ 忧：动词，以……忧愁。
④ 忧：名词，忧愁。
⑤ 以：有连、及之意，作介词用。

译文

国君以老百姓的快乐为快乐，老百姓也会以国君的快乐为快乐；国君以老百姓的忧愁为忧愁，老百姓也会以国君的忧愁为忧愁。以天下人的快乐为快乐，以天下人的忧愁为忧愁，还不能够使天下归服，这是从来没有过的。

一 孟母三迁

"孟母三迁"讲的是孟母为了给孟子提供一个良好的教育环境，克服困难，迁居两次，换了三个地方居住的故事。通过阅读故事，理解孟母在教育孩子方面的良苦用心。

阅读重点	阅读难点
★思考孟母两次搬家的原因，以及孟母想把孟子培养成什么样的人。	★孟母为了让孟子受到良好环境的熏陶而搬家两次，你怎样看待孟母的做法？ ★通过"孟母三迁"的故事，可以看出孟母是一个什么样的母亲？

人物介绍

★**孟子**(约公元前372年—公元前289年)，姬姓，孟氏，名轲，字子舆，战国时期邹国(今山东省邹城市)人。著名的思想家、教育家，儒家学派的代表人物，地位仅次于孔子，与孔子并称"孔孟"。

★**孟母**，相传姓仉，战国时期晋国（今山西省晋中市太谷县东西仉村）人。孟母在中国历史上受到大家的尊崇。后人把她与岳飞的母亲岳母、三国时期徐庶的母亲徐母，列为母亲的典范，号称"贤良三母"。孟母位居"贤良三母"之首。

阅读理解

★孟母对孟子的教育，影响了孟子一生。孟母看到孟子学送葬人的样子扮演丧事活动，为什么摇头叹息？看到孟子学商人做买卖的样子，为什么会非常生气？看到孟子学贵族大臣祭祀天地神灵、揖让进退之礼，为什么会非常高兴？孟母想把孟子培养成什么样的人？她的愿望实现了吗？

阅读填空

★孟子出生在_____的一个小山村——凫村。

★小孩子很喜欢这样_____的场面，小孟子和其他小朋友都喜欢泡在集市里。这样一天天_____，小孟子学会了_____和贩夫走卒吃喝买卖的样子。

★学宫附近常常有读书人来来往往。他们_____、_____、_____，进退交际_____。时间长了，小孟子潜移默化地受到他们的影响，也变得守_____、懂_____、爱读书、讲_____了。

★这就是"孟母三迁"的故事，也叫"_____"。这个故事说明睿智的孟母非常明白_____和_____对孩子的影响作用，所以她为了把小孟子培养成懂_____、守_____的人，不顾重重困难，多次搬家，最终找到了适合小孟子成长的生活环境。

文言文练习

解释下列句子中加粗的字：

★复**徙**舍**学宫**之傍。其嬉游乃设**俎豆**，揖让进退。孟母曰："真可以居吾子矣。"**遂居**。**及**孟子长，学六艺，**卒**成大儒之名。君子谓孟母善以渐化。（西汉·刘向《列女传·卷一·母仪·邹孟轲母》）

1. 徙：
2. 学宫：
3. 俎豆：
4. 遂：
5. 居：
6. 及：
7. 卒：

积累词语

词1：追慕、模范、模仿、哭号、吆喝、喧腾、鞠躬、作揖、简陋、高雅、从容、端庄、睿智

词2：民贵君轻、名垂后世、三五成群、兴致勃勃、活泼好动、你来我往、不绝于耳、耳濡目染、锱铢必较、得意扬扬、忐忑不安、庸俗无为、默默无闻、彬彬有礼、潜移默化、有模有样、庄严肃穆、安安心心、择邻而处

—— 笔 记 ——

二 杀豚不欺子

本篇主要讲了孟母信守承诺买猪肉给孟子吃的故事。通过阅读故事,理解孟母对孟子诚信方面的教育,并思考孟母是一位什么样的母亲。

阅读重点	阅读难点
★思考孟母去买猪肉给孟子吃的原因,并想一想孟母想要教给孟子什么样的道理。	★思考孟母拿出家里仅有的钱买肉给孟子吃的原因。 ★思考孟子小时候的生活环境是怎样的。 ★思考孟母是一位怎样的母亲。

人物介绍

★**孟子**:介绍见前。

★**孟母**:介绍见前。

阅读理解

★孟子成长为一代亚圣,和孟母的教育有着密切的关系。家长是孩子的第一任教师,尤其是对孩子来说,身教胜于言传。在这篇故事中,孟母想要教给孟子什么样的道理?你是怎样看待孟母的做法的?从这篇故事中,你学到了什么呢?

阅读填空

★ 孟母正忙着织布,恰好一匹布快织完了,到了收口的_____时候。她顾不上_____,就随口说道:"不杀猪,你怎么能有猪肉吃。我们邻居杀猪是要煮肉给你吃的。"

★ 孟母深知_____对孩子品行的影响,更明白"_____,_____"这种诚信品格的重要性。她连忙谢过乡亲。为了不失信于儿子,尽管十分困难,她还是拿出家里仅有的钱,到邻居家买了一块猪肉给小孟子吃。看着儿子吃肉时开心的样子,孟母暗自庆幸:"幸好自己及时_____,要不然儿子以后想到我_____的行为,也可能会随口允诺、欺骗他人。'_____,_____。'那是一种君子所_____的行为。那样的话,后果不堪设想。"

文言文练习

解释下列句子中加粗的字：

★孟子少时，东家杀**豚**。孟子问其母曰："东家杀豚何为？"母曰："欲**啖**汝。"其母自悔而言。曰："吾怀**妊**是子，席不**正**不坐，割不正不食，胎教之也。今适有知而欺之，是教子不信也。"乃买东家豚肉以食之，**明**不欺也。（西汉·韩婴《韩诗外传》卷九）

1. 豚：
2. 啖：
3. 妊：
4. 正：
5. 明：

积累词语

词1：凄惨、好奇、惊恐、嚎叫、后悔、忧愁、糊涂、端正、胎教、号哭、醒悟、诚信、允诺

词2：堂堂正正、愁眉苦脸、费尽周折、不堪设想

—— 笔 记 ——

三 断织劝学

　　本篇讲了孟母"断织劝学"的故事——孟母为了劝说孟子坚持不懈地学习而割断快要织好的布，以此来劝诫孟子学习要持之以恒，不能半途而废。通过阅读故事，思考孟母断织的原因，感悟孟母在孟子学习方面的影响。

阅读重点	阅读难点
★思考孟母割断快要织好的布的原因，理解"断织劝学"所蕴含的道理。	★思考小孟子最初学习认真，但是过了一段时间学习不认真的原因。 ★孟母割断快要织好的布是想要告诉孟子什么样的道理。 ★通过"断织劝学"可以看出孟母是一位什么样的母亲。

人物介绍

★孟子：介绍见前。

★孟母：介绍见前。

阅读理解

★孟子的母亲看到孟子学习不用功，没有唠叨，而是用割断布匹的办法教给他持之以恒的道理。你觉得孟母这样的做法好吗？孟母"断织劝学"的故事告诉我们什么道理呢？你认为成才的关键是什么呢？

阅读填空

★ 小孟子刚开始上学时，_____，每天都认真学习，放学回来后也及时复习功课。可是，他毕竟还是个孩子，在熟悉了学宫的生活、新鲜劲儿过去后，便有些_____了。

★ 孟母_____地说道："你_____学业，就像我割断这布一样。_____，只会一事无成，成为一个没用的人。我织布，靠一丝一线长期_____，才能织成一匹布。学习也是一样，_____才能增长知识，_____才能成就大学问。一个真正有德行的人，学习是为了成就大业。所以他们平时安静从容、_____、坚持不懈地_____，这样才能学到真本领，成人以后才能生活安宁，做事避免祸患。"

★孟母的话，彻底惊醒了小孟子。从此以后，他从早到晚_____，终于成了天下有_____的人。

文言文练习

解释下列句子中加粗的字：

★孟子之少也，既学而归，孟母方**绩**，问曰："学所至矣？"孟子曰："**自若**也。"孟母以刀断其织。孟子惧而问其故，孟母曰："**子**之废学，若吾断**斯**织也。夫君子学以立名，问则广知，**是以**居**则**安宁，动则远害。今而废之，是不免于**斯役**，而无以离于祸患也。**何以**异于织绩而食？"（西汉·刘向《列女传·卷一·母仪·邹孟轲母》）

1. 绩：
2. 自若：
3. 子：
4. 斯：
5. 是以：
6. 则：
7. 斯役：
8. 何以：

积累词语

词1：周折、浸染、担忧、忙碌、散漫、吟诵、荒废、积累、从容、勤奋、安宁、教诲、莽撞、儒雅

词2：省吃俭用、持之以恒、兴致勃勃、断断续续、忽大忽小、溜溜达达、吱吱呀呀、时断时续、半途而废、一事无成、坚持不懈、松松垮垮、形象生动、铿锵有力

笔 记

年　月　日

四　孟子休妻

　　本篇故事的主要内容为孟子欲休妻,但在孟母的教导下意识到自己的失礼,不再休妻,对自己更加严谨自律。通过阅读故事,思考孟母说孟子失礼在先的原因,感悟孟母对孟子在"礼"方面的教导。

阅读重点	阅读难点
★思考孟子最终没有休妻的原因,感悟孟母通过这件事教会了孟子什么道理。	★思考孟母为什么说是孟子无礼在先。 ★为什么孟子听了母亲的教导决定不再休妻? ★通过这篇故事,你明白了什么道理?

人物介绍

★孟子:介绍见前。

★孟母:介绍见前。

阅读理解

★孟子能够为一代名儒,和他的母亲教子有方息息相关。孟母对孟子的教育从未间断,在孟子娶妻之后,她也一直对其谆谆教诲。在这篇故事中,孟母是从哪个方面教导孟子的?孟子都已经长大成人、娶妻成家了,你认为他还需要听从母亲的教导吗?为什么?从这个故事中,你学到了哪些做人的道理呢?

阅读填空

★有一天,孟子出门了,他妻子一人在家。好不容易能够放松一下,孟子的妻子就伸开双腿,＿＿＿＿＿、＿＿＿＿＿地坐在席子上干活。

★孟母一看孟子气得脸上的青筋都暴起来了,看来是真生大气了。孟母心想:"从小我就教育他＿＿＿＿＿,＿＿＿＿＿。他最痛恨无礼的行为。不过,虽然他很生气,休妻这事也不能＿＿＿＿＿,我先问问什么情况再说。"

★于是,孟子与妻子＿＿＿＿＿,不再提休妻的事了。通过这件事,孟子进行了深刻的_____，觉得自己读书读得_____了，没有把所学用在生活中，反而指责自己的妻子，真是惭愧。从此以后，孟子更加_____，学业和自我修养都不断提升。

★孟母再次利用身边的生活琐事教育了孟子，把"_____"的道理活灵活现地展现给孟子。同时，她终生都践行着_____、_____的精神，一直身体力行地教育孟子，实在是一位_____、令人敬仰的伟大母亲。

文言文练习

解释下列句子中加粗的字：

★孟子妻独居，**踞**。孟子入**户**视之，白其母曰："妇无礼，请**去**之。"母曰："何也？"曰："踞。"其母曰："何知之？"孟子曰："我**亲**见之。"母曰："乃汝无礼也，非妇无礼。《礼》不云乎：'将入门，将上**堂**，声必扬。将入户，视必下。'不掩人不**备**也。今汝往**燕私**之处，入户不有声，令人踞而视之，是汝之无礼也，非妇无礼也。"于是孟子自**责**，不敢去妇。（西汉·韩婴《韩诗外传》卷九）

1. 踞：
2. 户：
3. 去：
4. 亲：
5. 堂：
6. 备：
7. 燕私：
8. 责：

积累词语

词1：郑重、箕踞、簸箕、贤德、青筋、莽撞、哆嗦、鲁莽、抱怨、反悔、惭愧、僵化、指责、敬仰

词2：不拘礼节、傲慢不敬、舒舒服服、四仰八叉、傲慢无礼、和好如初、严谨自律、活灵活现、坚持不懈、言传身教、身体力行、见识高远

笔 记

五 孟子远行

本篇讲了孟子辞家远行的故事。通过理解故事内容，找出孟子不想离开家的原因，以及孟子最终离开家的原因。通过阅读故事，感悟孟母教子的智慧。

阅读重点	阅读难点
★理解孟子选择离家远行的原因。	★理解孟子最终决定离家远行的原因。 ★感受遵循礼的规范对我们日常生活的影响。

人物介绍

★孟子：介绍见前。

★孟母：介绍见前。

阅读理解

★阅读故事，思考孟子不想离开自己的母亲去周游列国，以及最终又选择去周游列国的原因。

★思考这个故事体现出了孟母什么样的教子智慧。

阅读填空

★ 眼看时机成熟，并且自己也已经到了"＿＿＿＿＿＿"的年纪，孟子开始寻找时机，到各＿＿＿＿＿＿游历，希望推行"＿＿＿＿＿＿"，治国兴邦。

★ 约＿＿＿＿＿＿岁时，听说＿＿＿＿＿＿的宋偃王愿意实行仁政，就想去宋国。但是看到自己的老母亲年龄大了，非常想在母亲跟前尽孝。他知道"父母在，＿＿＿＿＿＿"，为了奉养母亲，他一再拖延周游列国的时间。

★ 孟母的话仿佛照亮了孟子的心，把他心中的＿＿＿＿＿＿、＿＿＿＿＿＿和＿＿＿＿＿＿一扫而空。

★ 在宋国时，他与宋人＿＿＿＿＿＿谈论游说君主之道，提出了著名的"穷则独善其身，达则＿＿＿＿＿＿"的理论。孟子认为，别人理解我，我＿＿＿＿＿＿；别人不理解我，我也自得其乐。如何做到自得其乐呢？孟子的主张就是从根本上崇尚＿＿＿＿＿＿。

10

文言文练习

解释下列句子中加粗的字：

★孟子**处**齐，而有忧色。孟母见之曰："子若有忧色，何也？"孟子曰："不敏。"异日**闲居**，拥**楹**而叹。（西汉·刘向《列女传·卷一·母仪·邹孟轲母》）

1. 处：
2. 闲居：
2. 楹：

积累词语

词1：成熟、俸禄、罢职、酒浆、劝慰、犹豫、积虑、崇尚、辅佐、贡献

词2：冲锋陷阵、闷闷不乐、愁眉不展、长吁短叹、风风雨雨、千辛万苦、知书达理、迟疑不决、一扫而空、自得其乐

---- 笔 记 ----

六 孟子葬母

本篇讲了孟子葬母的故事。通过理解故事内容,体会孟子的孝道,以及他所主张的丧葬观。

阅读重点	阅读难点
★通过故事感悟孟子的孝道。	★阅读孟子及其弟子的对话,以及鲁平公和乐正子的对话,理解孟子所主张的丧葬观的核心内容。 ★对比古代和现代的丧葬观,找出二者的相同和不同之处。

人物介绍

★孟子:介绍见前。

★充虞,战国时人,孟子弟子。

阅读理解

★孟母去世后,孟子为母亲办丧事的排场远远超过了父亲,原因是什么?从孟子和弟子的对话,以及鲁平公和乐正子的对话中,说说孟子的丧葬观,以及他身上值得自己学习的好品质。孟母对孟子在礼乐文明方面的影响又体现在哪些方面?

阅读填空

★安葬母亲时,孟子_____,因为自己还要_____儒学思想,推行王道,不能以身殉母,所以他就刻了一尊自己的石像为母亲殉葬。

★孟子说:"如果按照国家的_____规定,平民不能用_____木料做棺椁,对于比较_____的平民来说,就不能_____地尽孝。"

★孟子说:"这就对了。古来_____,符合_____,也不违背_____,我为什么不能做呢?"

★孟子认为竭尽全力办好父母的丧事本来就是子女的_____。"亲丧固所自尽也。"(《孟子·滕文公上》)在任何情况下,都不应该从父母身

12

上去＿＿＿＿＿。"吾闻之也：君子不以天下俭其亲。"(《孟子·公孙丑下》)这就是孟子的＿＿＿＿＿。所以他安葬孟母时购买了精美的棺材和寿衣等，竭尽全力表达对母亲教养自己的＿＿＿＿＿和＿＿＿＿＿。

文言文练习

解释下列句子中加粗的字：

★古者棺椁无度，**中古**棺七寸，椁称之。自天子达于庶人。非直为观美也，然后尽于人心。(《孟子·公孙丑下》)

1. 度：
2. 中古：

积累词语

词1：守丧、祭奠、哀思、殉葬、埋葬、疲倦、棺椁、富裕、称心、尊崇、拜访、衣衾、哀思、教诲、践行

词2：发扬光大、家境贫困、称心如意、尽心尽力、尊崇父母、自身实际

笔　记

七 孟子拒召

本篇讲了孟子拒绝齐王召见的故事。通过理解故事内容，思考孟子敢于拒绝齐王召见的原因，并从中感悟孟子身上具有的品格。

阅读重点	阅读难点
★孟子敢于拒绝齐王的召见，从中感悟孟子身上具有的品格。	★理解景丑指责孟子的依据。 ★对比景丑和孟子两人的思想，思考两人思想的区别。

人物介绍

★孟子：介绍见前。

★公孙丑，战国时期齐国人，孟子的弟子，曾与万章等著《孟子》一书。

★景丑，战国时期齐国君主齐宣王田辟疆属下的重臣，儒家代表人物之一。在战国初期，景丑与孟子的关系一直很好，是深交挚友，因此他俩之间无所不谈。

阅读理解

★孟子拒绝齐王的召见，体现出孟子什么样的品格？孟子曾经说过"富贵不能淫，贫贱不能移，威武不能屈"，通过这个故事，说说你对这句话的理解。

阅读填空

★ 景丑说："儒家重_____。家庭内有_____，家庭外有_____，这是人与人之间最重要的伦理关系。父子之间以_____为主，君臣之间以_____为主。我只看见齐王尊敬您，却没看见您尊敬齐王。您这样没病装病，不接受齐王的召见，是不是有违_____啊？"

★孟子说："原来你说的是这个呀！你没听说过一句话吗？_____。天下有三样最_____的东西：一样是_____，一样是_____，一样是_____。在_____最尊贵的是爵位；在_____最尊贵的是年龄；_____，最尊贵的是德行。这三样，齐王有几样？老夫有几样？"

★孟子说："我可是有两样高于齐王。商汤对_____，先向_____学习，然后才以他为臣，于是不费大力气就统一了天下；桓公对_____，也是先向他学习，然后才以他为臣，于是不费大力气就称霸于诸侯。所以，有作为的_____一定要非常敬重有才能的人，如果他有什么事情需要他们出谋划策，就应该亲自去拜访他们。这就叫_____、_____。"

文言文练习

解释下列句子中加粗的字：

★景子曰："否，非此之谓也。《礼》曰：'父召，无**诺**；君命召，不**俟**驾。'固将朝也，闻王命而遂不果，**宜**与夫礼若不相似然。"（《孟子·公孙丑下》）

1. 诺：
2. 俟：
3. 宜：

积累词语

词1：尊重、召见、政务、谢绝、机灵、伦理、遵守、违背、慈恩、恭敬、尊敬、谈论、爵位、德行、不屑、怠慢

词2：日常事务、违背礼节、君臣之道、谈论仁义、尊重德行、喜爱仁道、出谋划策

— 笔　记 —

八 孟子辞官

本篇讲了孟子辞去齐国官职回乡的故事。通过阅读故事，思考孟子放弃在齐国富裕的生活，辞官回乡的原因。

阅读重点	阅读难点
★孟子坚持放弃齐国富裕的生活，辞去官职的原因。	★尹士起初认为孟子是贪图富贵的小人，后来认为孟子是一位君子，思考尹士前后看法转变的原因。 ★通过阅读故事，体会孟子的行为，并说说你对孟子的评价。

人物介绍

★**孟子**：介绍见前。

★**高子**，齐国人，孟子的学生。

★**充虞**：介绍见前。

阅读理解

★孟子辞去齐国官职的故事，可以体会到孟子心中拥有的远大政治抱负，他在齐国想要推行仁政的政治思想，却不被接受，迫不得已才要离开。从孟子辞官的故事中能够学到什么？这对你的学习生活有什么指导意义吗？

阅读填空

★齐宣王也明白孟子离开齐国的原因，是因为和自己推行的治国想法不一样：一个_____，一个_____；一个_____，一个_____。

★尹士说："孟子才不是有识之士呢！他一个_____，满腹才学，希望找到一个_____来辅佐。但是，他没能识别出齐王是一个不可能成为商汤王和周武王那样英明之君的君王，所以说他是一个_____的人。如果他能识别齐王不是_____，但是又跑来辅佐齐王，那就是_____，想要得到齐国国君的_____。这算什么有识之士？"

★孟子说："是啊！我就是希望齐王能改变，所以才每天盼望着。我难道

16

像是一个_____的小人吗？难道是一个像君王进言后不被接纳就发怒，满脸不高兴，离开时就要拼命走啊走，走到_____才肯停下来歇歇的小气鬼吗？可惜，齐王没有来追我，我这才离开。我多么希望和齐王一起大干一场，不光让齐国的人民能_____，让全天下的人民都安居乐业才好呢！谁能明白我这一番_____啊！"

文言文练习

解释下列句子中加粗的字：

★千里而见王，不遇故去，三宿而后出昼，是何**濡滞**也！ 士则兹不悦。(《孟子·公孙丑下》)

1. 濡：
2. 滞：

★充虞路问曰："夫子若有不**豫**色然。前日虞闻诸夫子曰：'君子不怨天，不**尤**人。'"(《孟子·公孙丑下》)

3. 豫：
4. 尤：

积累词语

词1：辅佐、抛弃、幻想、升腾、霸权、挽留、假惺惺、英明、恩惠、湛蓝、富强、时势、考察、浅薄

词2：希望渺茫、有识之士、满腹才学、不明世事、贪图富贵、满怀期望、目光短浅、筋疲力尽、安居乐业

笔 记

九 没有规矩，不成方圆

本篇讲述了孟子与弟子们讨论治国理政观点的故事。通过阅读弟子们的回答和孟子的点评，思考齐宣王执政时齐国没能兴旺发达的原因，总结孟子认为如何才能治理好国家。

阅读重点

★ 从孟子弟子们的回答中，总结他们主张的异同。

★ 没有规矩，不成方圆，孟子认为在治理国家时应当如何实现这一点呢？

阅读难点

★ 从孟子的话中，思考其治理国家的主张。

★ 充虞认为由贤德的人来制定政策，更重要的原因是什么？

人物介绍

★ 孟子：介绍见前。

★ 万章，孟子的高足弟子。一生追随孟子，为孟子所喜爱。孟子晚年经常同万章等弟子谈论经书，并和万章等弟子一起著《孟子》一书。

★ 公孙丑：介绍见前。

★ 咸丘蒙：介绍见前。

★ 充虞：介绍见前。

阅读理解

★ "一个人即使有离娄那样超出常人的视力，公输子那样举世闻名的技巧，如果不用圆规和曲尺，也不能准确地画出方形和圆形。"从这句话，孟子延伸出了什么样的治国道理？你能从中得出对自己的学习生活有帮助的道理吗？

★ 你认为孟子提倡的"法先王"的治国理念在今天还适用吗？为什么？

★ "得天下英才而教育之"，是孟子三乐之一。从孟子与弟子的谈话中，你能看出孟子是如何教育学生的吗？

阅读填空

★万章率先发言，说："齐宣王虽然自己有仁心，但是他不把这份心思用在＿＿＿＿＿、＿＿＿＿＿上，只能成就自己仁心的美名，却不能治理好齐国。"

★孟子听了很高兴，说："你们能够学以致用，用我教给你们的思想分析天下大事了，很好！我给你们说说吧。只有仁心，却不施行＿＿＿＿＿，是白白拥有一颗善心；只有好的政策，却没有＿＿＿＿＿，也是白白制定了好的政策。治理国家，＿＿＿＿＿、＿＿＿＿＿，样样都不能缺。"

★孟子高兴地拍了拍充虞，说："充虞说得太好了，认识更深刻。所以说，城墙不＿＿＿＿＿，军备不＿＿＿＿＿，这些不是国家的灾难；田野没＿＿＿＿＿，经济不＿＿＿＿＿，这些也不是国家的祸害。如果在上位的人没有＿＿＿＿＿，在下位的人就得不到教育和指导，违法乱纪的人就会越来越多，这才是国家的祸害。……仁君要'＿＿＿＿＿'，一心向善，用仁政来要求自己，＿＿＿＿＿、＿＿＿＿＿，才能更好地治理国家。"

文言文练习

解释下列句子中加粗的字：

★离娄之明，公输子之巧，不以**规矩**，不能成方员。(《孟子·离娄上》)

规矩：

积累词语

词1：率先、欢愉、清晰、成就、治理、敏锐、校正、效仿、试验、遗忘、依循、偏差、凭借、楷模、缘故、批评、引领、触犯、遵守、侥幸、祸害

词2：怪石嶙峋、大好河山、举世闻名、纲纪文章、学以致用、真知灼见

~~~~~ 笔 记 ~~~~~

年 月 日

十　五十步笑百步

　　本篇记述了梁惠王向孟子请教国事的对话过程，孟子以自己独到的谈话技巧向梁惠王说明了施仁政的重要性。通过仔细阅读二人的谈话，感受孟子的谈话技巧与治国理念。

阅读重点

★ "五十步笑百步"的故事蕴含的深刻道理是什么？

★ 从孟子与梁惠王的谈话中，总结孟子认为国家要变强大依靠的是什么。

★ 从孟子的话中，总结战争带来的危害。

阅读难点

★ 分析梁惠王治理国家已经"尽心竭力"了，但是百姓仍旧没有增多的原因。

★ 孟子为什么要用打仗的事情向梁惠王引出自己的想法？

人物介绍

★ **孟子**：介绍见前。

★ **梁惠王**（公元前400年—公元前319年），即魏惠王，姬姓，魏氏，名罃（yīng）。魏惠王由安邑（今山西省运城市夏县）迁都大梁（今河南省开封市西北）后，魏国亦称梁国，故魏惠王又称梁惠王。

阅读理解

★ 每一个国君都想要把自己的国家治理好，你认为怎么样才算是把国家治理好了呢？

★ 为什么梁惠王如此重视百姓数量的增多？

★ 在孟子看来，如何才算是真正地爱护百姓？

★ 梁惠王在听完孟子的一番话之后为什么露出了愁容？

★ 这个故事对你的学习生活有什么启发吗？

阅读填空

★ 这时候，有一个大臣站出来，说："君上，_____的孟子不是在这里吗？听说他是_____学派的领袖人物，对_____也有很透彻的研究。何不找他谈一谈呢？"

20

★孟子看梁惠王一边听一边思考，就停顿了一会儿，随后又慢慢说道："战争的危害实在是太大了！一场征战之后，_____、_____、_____等都会遭受损失，_____也惨遭杀戮，国家人口大大减少。您再尽心尽力地治理国家、爱护百姓，也经不起战争的祸害呀！这与_____的道理是一样的。所以，如果您不能_____，粮食就会继续损耗，百姓和士兵也会继续遭到杀戮，人口就不可能增多，魏国怎么可能会比邻国更强大呢？"

文言文练习

解释下列句子中加粗的字：

★**填然**鼓之，兵刃既接，弃甲**曳**兵而**走**。**或**百步而后止，或五十步而后止。以五十步笑百步，则何如？（《孟子·梁惠王上》）

1. 填然：
2. 曳：
3. 走：
4. 或：

积累词语

词1：开垦、实现、领袖、透彻、款待、成熟、稳重、整理、衣襟、比喻、厮杀、兴奋、激动、大概、倚靠、嘲笑、逃窜、杀戮、消耗、灾祸、沉默、愁容

词2：国富兵强、兴邦治国、名扬天下、费心尽力、争权夺利、自言自语、胜败乃兵家常事、丢盔弃甲、席地而坐、贪生怕死、真心实意、若有所思、趾高气扬、心不在焉

~~~~~~ 笔 记 ~~~~~~

十一 率兽而食人

本篇记述了梁惠王与孟子在猎场上的一次谈话,孟子以杀人为例向梁惠王进言,引发了梁惠王的深思。通过阅读文章,明确孟子将官员比作猛虎的原因以及在孟子看来贤明的君主应当如何治理国家。

阅读重点

★分析孟子将管理国家事务的官员比作"吃人的野兽"的原因。

★从孟子与梁惠王的谈话中,感悟孟子"民为贵"的思想主张。

阅读难点

★孟子为什么用"杀人"来引出与梁惠王的谈话。

★从孟子与梁惠王的谈话中,能看出他什么样的谈话技巧?

人物介绍

★**孟子**:介绍见前。

★**梁惠王**:介绍见前。

阅读理解

★"民为贵,社稷次之,君为轻。"从孟子与梁惠王的对话中,我们不难看出孟子这种将百姓作为治理国家的首要考虑的政治理念。孟子将官员比作"吃人的野兽",非但没有被梁惠王怪罪,反而引发了他的深思,从中你能看出孟子什么样的谈话技巧?

★梁惠王最终有没有采纳孟子的建议?为什么呢?

阅读填空

★孟子说道:"我说的是魏国管理国家事务的大事。魏国管理国家事务的父母官,不是为百姓服务,而是_____!"

★孟子说:"君上不要生气,听我说说您就明白了。现在魏国这些管理者的厨房里有的是肥肉,马厩里有的是强壮的马,可是您看看宫墙外老百姓的生活是什么样子的?他们一个个饿得_____,野外还躺着一具具饿死的尸体。一边是您这里_____、_____,一边是_____的天下百姓。您的统治和_____有什么区别呢?"

★孟子看到梁惠王似乎还能接受自己的说法,紧接着说道:"君王您想想,野兽互相残杀,大家都觉得伤害同类是_____、_____。魏国的这些当权者管理国家,搞得百姓们吃不饱、穿不暖,_____。治理百姓的国家当权者,不能解决百姓_____的生活,甚至任由百姓饿死在野外,这不就像率领老虎、狮子等野兽吃人一样吗?他们怎么能算是百姓的父母官呢?简直就像_____一样啊!"

文言文练习

解释下列句子中加粗的字:

★**庖**有肥肉,**厩**有肥马,民有饥色,野有饿**莩**,此率兽而食人也。兽相食,且人**恶**之;为民父母,行政不免于率兽而食人,**恶**在其为民父母也?(《孟子·梁惠王上》)

1. 庖:
2. 厩:
3. 莩:
4. 恶:
5. 恶:

积累词语

词1:率领、探讨、召见、指教、作揖、操劳、猎杀、猛虎、厨房、马厩、残杀、唾弃、简直、新鲜、沉默、搜刮

词2:名扬天下、身体康健、漫山遍野、面黄肌瘦、穷困潦倒、似懂非懂、忍饥挨饿

— 笔 记 —

十二 缘木求鱼

　　本篇记述了齐宣王与孟子关于治国方略的探讨，针对齐宣王想要成就霸业的心思，孟子直接指出以他现在的做法来实现他的愿望是缘木求鱼。通过阅读文本，思考孟子这样说的原因，并总结他给齐宣王提供的建议。

阅读重点

★齐宣王最大的心愿就是征伐各诸侯国，成就霸业。针对这一目标，孟子给齐宣王提出了什么样的建议？

阅读难点

★孟子是如何让齐宣王认识到，以他现在的做法来实现他的愿望是背道而驰的？

★从孟子与齐宣王的谈话中，总结孟子认为推行王道的具体措施是什么。

人物介绍

★**孟子**：介绍见前。

★**齐宣王**（约公元前350年—公元前301年），妫姓、田氏，名辟疆，战国时期齐国国君。齐宣王曾向孟子请教称霸天下的方法，孟子因势利导，游说齐宣王弃霸道而行王道，但是齐宣王没有听从，反而军纪败坏、掠夺民财，导致燕人叛乱，不久齐军就在赵、魏、韩、楚、秦等国的压力下被迫撤军，而燕人则共立公子职，是为燕昭王，齐宣王感叹："吾甚惭于孟子。"

阅读理解

★战国时期，兼并战争频繁，各个国家的国君都希望能够通过战争打败其他国家，成就霸业，齐宣王也不例外。而孟子却向齐宣王提出施行王道，从而使天下人归顺的建议。你认为在当时通过战争来实现霸业和通过施行王道来实现霸业哪一个更具有可行性？为什么？

阅读填空

★有一次，孟子问齐宣王："君上，您最大的愿望是什么呢？可以讲给我听听吗？"齐宣王笑了笑，却不说话。他们二人曾多次讨论治理国家的事，孟子很清楚齐宣王最大的心愿就是_____，_____。

★齐宣王挺起后背，盯着孟子问："那不是_____、_____了吗？我的统治有这么糟糕，会出现这么严重的后果吗？"

★孟子说："好办法就在眼前。做事情不能_____。比如，您可以从最根本的_____开始做。如果您能把天下人的安危放在心里，治理国家的出发点是让百姓_____，有识之士能够_____，在这样的国家里，百姓_____，各得其所，工作有干劲儿，生活有奔头，还会有什么灾祸呢？"

★"如果能这样推行王道的话，您治理国家的方略就不是_____，而是_____、瓮中捉鳖、探囊取物了。"

文言文练习

解释下列句子中加粗的字：

★**缘**木求鱼，虽不得鱼，无后灾。以**若**所为，求**若**所欲，尽心力而为之，后必有灾。(《孟子·梁惠王上》)

1. 缘：
2. 若：

积累词语

词1：方略、熟悉、征伐、霸业、美妙、伺候、提供、志趣、享受、朝贡、安抚、糟糕、灾祸、紧张、聆听、教诲、痛恨、控诉

词2：南辕北辙、背道而驰、卖关子、安居乐业、有识之士、各得其所、缘木求鱼、顺藤摸瓜、瓮中捉鳖、探囊取物

———— 笔 记 ————

年 月 日

十三 不为也，非不能也

　　孟子从齐宣王对一头牛的慈悲入手，游说齐宣王用王道统一天下。阅读这篇文章，感悟孟子的仁政思想和谈话艺术，并反思自己在学习生活中，有没有"不为也，非不能也"的时候。

阅读重点	阅读难点
★"不愿意做"和"做不到"的区别是什么？孟子为什么要引出这个问题？	★孟子是如何一步一步让齐宣王认识到自己不是不能实行王道，而是不愿意实行王道的？ ★齐宣王说自己做事常常为百姓着想，百姓却怨声载道，原因是什么？

人物介绍

★**孟子**：介绍见前。

★**齐宣王**：介绍见前。

阅读理解

★故事开始，孟子说齐宣王有一统天下的王者风范。你认为这是孟子的真实想法，还是游说技巧？为什么？

★文章最后，"齐宣王终于明白孟子的意思了"。你觉得孟子的意思是什么呢？

★你在日常生活中，有没有遇到一些不是做不到而是不愿意去做的事情？阅读完这个故事，想一想下一步应该怎么做吧。

阅读填空

★孟子看了看齐宣王，说道："现在老百姓生活困顿，不能_____。君上您对一头牛都心生怜悯，可见您_____，_____。可是您却不能用您的仁爱之心怜惜受冻挨饿的老百姓，帮他们过上_____的生活，所以他们才会对您_____。"

★孟子从路旁捡起一根羽毛，说："一根羽毛拿不起来，是_____

26

_____的缘故；一车柴草看不见，是_____的缘故。推行王道不是空话，它需要君王把_____放在第一位，一件件、一桩桩认认真真地去做，帮着他们_____。君上，您没有能够用王道来统一天下，是_____，而不是做不到。"

文言文练习

解释下列句子中加粗的字：

★然后一羽之不举，为不用力焉；**舆薪**之不见，为不用明焉；百姓之不见保，为不用恩焉。故王之不王，不为也，非不能也。(《孟子·梁惠王上》)

1. 舆：
2. 薪：

积累词语

词1：邀请、观赏、知音、夸赞、称霸、毫毛、末梢、宰割、释放、慈爱、稍微、困顿、怜悯、怜惜、芍药、直白、慈悲

词2：风和日丽、战战兢兢、心地纯良、丰衣足食、怨声载道、勤劳致富

—— 笔 记 ——

十四 得道者多助，失道者寡助

　　本篇记述了孟子师徒讨论如何才能打胜仗，最后总结出施行仁政才是吸引天下人的根本的故事。通过阅读文章，理清打胜仗与施行仁政之间的关系，并总结"天时不如地利，地利不如人和"在现实生活中的指导意义。

阅读重点	阅读难点
★总结打胜仗的关键要素，并说明原因。	★孟子为什么说施行仁政才是吸引天下人的根本？ ★从孟子与学生的交谈中，感受孟子循循善诱的教学特点，并锻炼自己从根源分析问题的思维方式。

人物介绍

★孟子：介绍见前。

★万章：介绍见前。

★公孙丑：介绍见前。

★咸丘蒙：介绍见前。

★充虞：介绍见前。

阅读理解

★"天时不如地利，地利不如人和"，这是我们在生活中经常听到的一句话，出自《孟子》。孟子用它论证作战时自然气候的好坏、城池的坚固与否、粮食的多少等条件，都不如人心的向背重要，从而倡导统治者施行仁政。除了在作战方面，你认为这句话还适用在哪里？这句话对你的日常学习和生活有什么指导意义？

阅读填空

★有的弟子说："常言道，'＿＿＿＿＿＿，＿＿＿＿＿＿'，得有充足的粮草才能打胜仗。士兵们吃不饱、穿不暖，怎么能打仗呢？"

★孟子说："有一定的道理。不过，大家想想，如果双方作战时，自然气候等条件都很好，但经过长期围攻，却不能取胜，一定是因为这座城

28

池占据有利地势，且_____。这就是说，双方打仗，有时候天时好却不如占据有利的_____重要。"

★ 孟子说："公孙丑说得很好。城池_____，粮食_____，都不是能打胜仗的关键原因。打胜仗最重要的因素是_____，也就是士兵、百姓要和当权者_____。"

★ 最后，孟子总结道："威行天下不必凭_____，_____才是吸引天下人的根本，拿全天下归顺的力量来攻打那个连亲戚都反对的人，那么，仁君圣主要么不发动战争，如果发动战争，是一定会_____的。"

文言文练习

解释下列句子中加粗的字：

★ **得道者**多助，**失道者寡**助。寡助之至，亲戚**畔**之；多助之至，天下**顺**之。（《孟子·公孙丑下》）

1. 得道者：
2. 失道者：
3. 寡：
4. 之至：
5. 畔：
6. 顺：

积累词语

词1：譬如、围攻、沉思、鼓励、坚固、兵器、盔甲、锐利、嘀咕、充沛、关键、亲戚、疆场、归顺

词2：光杆司令、兵马未动、粮草先行、牢不可破、佼佼者、人心向背、咬牙切齿、山川险阻

——— 笔 记 ———

十五 乐以天下，忧以天下

本篇记述了孟子跟齐宣王在雪宫里的谈话，谈话中充满了孟子的"仁政"思想。仔细阅读故事，思考当齐宣王向孟子抱怨百姓不理解君王的爱好和烦忧时，孟子是怎样一步一步为齐宣王解答的。

阅读重点	阅读难点
★孟子认为国君应该如何做才能让百姓体谅？	★当齐宣王指出自己有喜爱钱财和女色的毛病时，孟子是如何回应的？

人物介绍

★孟子：介绍见前。

★齐宣王：介绍见前。

阅读理解

★你了解历史上的齐宣王吗？你能想象出他的雪宫是什么样的吗？

★当齐宣王向孟子炫耀自己的雪宫时，孟子趁机训诫他，惹得他不悦，为什么之后他又向孟子倾诉烦恼呢？

★孟子告诉齐宣王要关心百姓的生活，想尽办法帮百姓排忧解难，这样百姓才会关心国君的喜怒哀乐。你从这种"我为人人，人人为我"的精神中得到了什么启示？

阅读填空

★孟子耐心地回答道："一个贤德的国君看到老百姓有什么忧愁，会非常着急、担忧，想尽办法帮着百姓解除烦忧。这样的话，君王有了危难，老百姓也会把他当成自己人，为国君_____。如果国君看到天下百姓生活得快乐，比自己住豪宅，享用美食都快乐，那么老百姓看到国君快乐，才会像看到自己的亲人_____一样，为国君高兴啊。"

★齐宣王说："你说得有道理。人同此心，心同此理。_____，人人才会爱我啊！"

★过了一会儿，孟子看齐王还不是很明白，就说道："君上，说白了就是，一代明君应该_____，_____。"

文言文练习

解释下列句子中加粗的字：

★**乐**民之**乐**者，民亦乐其乐；**忧**民之**忧**者，民亦忧其忧。乐**以**天下，忧以天下，然而不王者，未之有也。（《孟子·梁惠王下》）

1. 乐：
2. 乐：
3. 忧：
4. 忧：
5. 以：

积累词语

词1：宫殿、接见、游玩、埋怨、训诫、趁机、烦忧、缓和、体谅、鸿雁、略微、搭理、炫耀、贤德、肥沃、贫瘠、感念、恩德、楷模、美满、拥戴

词2：亭台楼阁、珍禽异兽、发家致富、励精图治、不管不顾、分忧解难、缺吃少穿

~~~~~~~~~~ 笔 记 ~~~~~~~~~~